18歳選挙権時代の主権者教育を創る

憲法を自分の力に

佐貫 浩 監修
教育科学研究会 編

新日本出版社

目次

第3部　教育実践をいかに進めるか

はじめに

危機をはらんだ日本社会の岐路のなかで

今、日本の政治は岐路にある。安倍内閣は憲法改正を具体的な争点に掲げて国会議員選挙で勝利し、一挙に改憲に進もうとしている。

すでに安倍内閣は、二〇一五年七月に、解釈改憲を一片の閣議決定で強行し、憲法第九条のもとで集団的自衛権が認められるとし、その上に、日本の自衛隊が海外でアメリカの戦争に参加するための戦争法案を強行成立させた。

それだけでも、戦後日本の七〇年の歴史の大きな転換を予想させる事態であるが、二〇一一年の三・一一東日本大震災と福島原発事故の教訓からいかなる日本社会を選択するのかをめぐっても、激しい論争が続いている。大きな格差と貧困が生まれ、社会的分断と亀裂が深まり、その修復は急務となっている。さらに中東からヨーロッパに拡大した戦争とテロをめぐって、世界がかつてない難問に直面し、これらの戦場への日本の自衛隊の参加が進められるならば、テロの脅威は、日本においても差し迫った現実となるだろう。

日本社会はそれらのいくつもの重大な選択に直面して、歴史的な岐路ともいうべき時代を迎えている。その歴史的な選択は、これからの社会を創っていく若い世代の意思に大きく担われている。一八歳選挙権の実現は、若い世代が意識的な政治選択へ参加していく大きな契機となりうるだろう。その可能性を大きく切り拓くことが教育の責務となっている。

政治は「幸福追求権」を実現する方法

人類は、国家単位で社会のあり方を選びとる方法を、政治として発明した。国家の誕生とともに、人類は、その国家制度に依拠してしか生きることができなくなった。長い間、この国家は強大な武力を伴う権力を掌握し、個人の命をも左右してきた。やがて人類は、市民革命を遂行し、この国家の政治の仕組みを、個人の人権と平等、自由と民主主義、平和と生存権を実現するための制度——憲法第一三条の「幸福追求権」の実現の方法——へと組み替えていった。そして政治をそのようなものとして働かせるための規範を、最高法規としての憲法に書き込んできた。そのことによって、政治は、人類が人間の尊厳を実現するための高度で人間的な方法となる可能性をもつものとなった。国民主権とは、全ての国民が、権利としてこのような政治の方法を自らのものとし、社会のあり方を決定していく主体であることを明確に示した現代の政治原理である。

私たちは、政治の現実が、しばしば汚され、政治家たちの利権を実現する利己的目的に支配され、また国民の人権への抑圧が行われるような面をもつことを否定するものではない。いや、よりリアルにみれば、政治とは、強大な利権を手にした権力とその取り巻きが、自らの利益を実現するために政治を占有しようとして、「幸福追求権」実現の方法として政治を統治しようとする国民主権の動きを封じようとする、その対抗であるといってもよいだろう。しかし、いや、だからこそ、私たちは、決して政治そのものを手放すことはできない。なぜならば、政治への権利を奪われるならば、この「幸福追求権」を実現していく方法、憲法が権利として保障した個人の政治的力を手放すことになるからである。政治を一部の権力者の独占的手段へと明け渡してしまうからである。だからまた、一八歳選挙権の実現が、より若い世代を社会の主権者として高くエンパワーする契機となることを、心から願っている。

若者の政治的覚醒を押さえ込む日本社会——それを打ち破る

しかし、現実の政治は、その政治自身が創り出す「汚れた」、「利権争い」のような様相などによって、若者自身の「政治への無関心」や「政治不信」、政治への参加拒否の気分をも大量に生み出す。そしてそういう参加拒否を生み出すことすらをも一つの政治戦略として、選挙を権力に有利なものとして演出し、国民の同意を獲得しようとする。ヒットラーの政権もまた、議会選挙で選ばれた正統性を土台に独裁を打ち立てたことを思い起こさなければならない。

それはたんなる危惧《きぐ》ではない。日本の子どもたちは、その激しい受験競争に囲い込まれることで、社会から閉ざされた思春期、青年期を生きさせられてきている。自分の「価値」を証明するために競争させられ、その結果としての成績評価は、社会に組み込まれた格差や差別の割り当てを、自分の能力不足による「自己責任」として受容する意識をも生み出す。矛盾や困難を社会問題としてとらえる思考の回路が断ち切られる。また、そのような日本社会の競争を勝ち抜くことで豊かさと安定性を手にする生き方は、政治が「幸福追求権」を実現する方法、個のエンパワーの方法であると実感することを困難にしている。

それらのいくつもの要因が重なって、政治への権利が、制度においても、意識においても、若者から奪われ、見えなくさせられている。

しかし、一八歳は、青年期の最中にある。青年期は、本来多感であり、自らの生き方と社会の現実の間で葛藤《かっとう》し、だからこそ社会への批判意識を高め、自己実現のためにも社会のありようを深く問い直す力が急速に獲得される成長の時代である。そしてそのような青年期の社会との葛藤の経験、政治との出会いが、次の時代を担う新しい世代の社会観や価値観、人間理解の基礎を創り出してきた。日本社会は、意図的に、構造的に、そのような若者の社会的、政治的な覚醒を押さえ込もうとしてきた。

とするならば、若者の、人間として生きようとする願いや思いや情熱、苦しみや未来への不安を聴き取り、率直な思いや願いや疑問を表現することを権利として保障し、岐路にある日本の選択をともに話し合う場、大人と若者の応答関係を創り出すことこそが、今、求められているのではないか。今、必要なことは、この若者を取り囲んでいる政治的閉塞と抑圧を打ち壊し、若者同士が、そして大人と若者が、自由に声を出し合って、人間として生きたいという思いを語り合える関係性の回復ではないか。そこに、「幸福追求権」の方法としての政治が、若者によって、権利として再掌握される道が切り拓かれるのではないか。

自分で判断できる力をつける学習を切り拓く

あらためて考えるならば、子どもや若者が学ぶ目的は、したがってまた教育の目的もまた、個人が、社会に生きていくために、自分で主体的に判断する力を身につけることなのではなかったか。ところが、残念ながら、日本の学校教育の現実は、それとは相当異なった性格を背負わされてきた。激しい受験学力競争が生みだされ、全ての子どもがテストでの成績を高めるためにハードな勉強をし、そのために教室は「正解」を伝達する空間と化し、多くの子どもが「正解」の暗記に四苦八苦するような性格をもつようになった。自分が真理を発見する主体となる学習、自分の考えを創り出す学習、自信をもって自分の考えを主張し、討論する中でその考えを発展させていくような学習スタイルが非常に弱くなってしまったのである。

しかし、考えてみれば、投票行動をはじめとして、政治に参加する過程は、その時点での自分の知識や自分の思いや感覚に依拠して、物事を判断し、自分の考えを他者に対して表明していく過程であろう。自分の主張が「正解」であるかどうかという基準で、意見表明することができるかどうかが決まるというようなものでは全くない。個人の感じ方や生活感覚や要求や願いが、自分の考えや選択に反映されることこそが必要なのであり、その内容を意識化し、他者への応答責任を背負えるように自分の考えを発展させていく学習が求められているのである。主権者、有権者になるための学習が不足しているから政治学習をさせるのではなく、主権者であり有権者である人間が、自分のものである主張をより意識化し、より主体的に生きるために、学習を権利として実現するのである。

考えてみると、そういう学習を創り出すことは、単に政治学習の課題であるにとどまらず、現代日本の競争的な、テストのための苦役としての学習を組み替え、真に創造的で、かつ人間的な学習を創り出すための突破口ともなる可能性をもった挑戦なのではないか。

権力は主権者の学習と教育の自由を侵してはならない

一八歳選挙権が現実になった段階で、政府・文科省は、若い世代の主権者としての成長を恐れたのか、高校生の政治活動や政治学習に対して、あらためて制限や禁止をかけ、教育は「中立」でなければならないなどと、学校教育に対して、統制と干渉を強めつつある。

一九六九年に出された高校生の政治活動についての文部省通達は、高校生の政治活動の禁止を押しつけるものであった。ところが一八歳選挙権の実現によって破綻《はたん》したこの「通達」を手直しした新たな文科省通知（「高等学校等における政治的教養の教育と高等学校等の生徒による政治的活動等について」二〇一五年一〇月）もまた、校長の判断で、高校生の政治活動や政治学習を学校の内外で、取り締まろうとしている。

しかし、間違ってはならないことは、教育の「政治的中立性」とは、歴史的にみて、何よりも、権力は教育内容や教育方法に関わって、その価値内容に干渉したり統制を及ぼしたりしてはならない、その意味で教育の内的な価値内容に対して権力(政府)は「中立」でなければならないという規範として存在しているということである。

その視点から見るならば、今、展開している最も重要な事態は、まさに権力が、学校教育の隅々にまで統制を及ぼし、学校教育の内容を歪め、内閣の決定や判断を子どもたちにまで「正しいこと」として教え込もうとしていることである。教科書記述に、「閣議決定その他の方法により示された政府の統一的な見解や最高裁判所の判例がある場合には、それらに基づいた記述がされていること」(二〇一六年一月改訂教科書検定基準)という基準が押しつけられた。憲法第九条が集団的自衛権を容認しているという安倍内閣の閣議決定が憲法違反の解釈改憲であることを多くの憲法学者が主張したことを教科書に書くことも困難となりつつある。少しでも政治的対立のあることには触れないという萎縮《いしゅく》が、すでに教師の間に広がっている。これでは、政治や政策を考える主権者教育、政治学習は困難となる。

国民主権の実現には、現実の政治や政府の政策を、国民が自由に批判し、自分たちの政治的主張や要求を提示し、より良い政治を探究していく自由の保障が欠かせない。その自由な政治的正義の探究の場の一つが、学校での主権者教育であり政治学習である。

一八歳選挙権の時代に相応しい教育実践の大胆な探究を

もちろん、政治選択は、未来をどう選ぶかという選択であり、それに一つの、しかも誰もが反対することができない「正解」があるわけではない。もし教師が、自分の考えや価値判断を、生徒に押しつけるような教育を行ったならば、それは生徒の権利を侵すものであり、教育の方法としても間違いであることは明白である。その意味において、教師は、論争的な政治選択課題の学習において、対立的な考えの一方が正しいと結論づけたり、自分が正しいと考える一方の側の資料だけを提示して生徒に考えさせるような方法を取ってはならない。そういう政策選択課題の教育の方法において、生徒の思考の自由、価値判断の自由の保障のために、教師は、生徒の価値判断に対して、教師の価値観や判断を押しつけないという意味で「中立」という立ち位置を取らなければならない。

しかし、忘れてならないことは、どのような主権者教育が求められているのか、生徒の表現の自由や価値判断の自由をいかに保障するか、そして岐路にある日本の政治の本質をどう理解させ、生徒の自主的判断を支えるかという方法の開発と熟練――すなわちこれらの教育実践に関する教育的真実の探求と教育の専門性の錬磨――は、教育の自由の下で、生徒の権利保障をこそ第一の目標として、達成されなければならないということである。教育実践とはそもそも、教育的真理探究の方法である。この過程に権力の統制や監視が行われるならば、教育は、権力の国民支配の方法へと歪められる。それは日本の歴史的経験を踏まえた痛苦の教訓である。

教師と学校には、教育の自由を確保し、その下で、国レベルや親や地域住民の政治をめぐる議論を教育に反映し、主権者を育てる公教育としての責務に相応《ふさわ》しいと自らが考える教育実践を切り拓くことが求められている。それは、一人ひとりの教師が、自らの専門性をかけた教育実践をとおして探究すべき課題である。

民主主義の価値を子どもの成長の土台に

もちろん、一八歳以下の子どもであっても、基本的人権の保持者であることには変わりがない。そしてその子どもたちに政治が大きな影響を与えていることも疑いのないことである。いやそれだけではなく、人間の自由や平等や基本的人権の保障や生存権の実現などの問題は、子どもにとっても切実な課題であり、子ども自身がそれらを権利として自覚し、その実現を求めて声を上げ（意見表明）、要求の実現を求め、時には自分たちの判断と決定によって、社会のありようを決めていくこともまた、子どもにとっての政治の営みにほかならない。全ての子どもは、その発達段階に相応しい仕方で、主権者としての権利が保障されなければならない。

いや、もっといえば、今、子どもたちの世界に意識的な政治が存在していないことが、子どもたちが人間的に生きられない苦しみを味わっていることの一つの原因となっているのではないか。いじめや暴力に曝《さら》され、それでも孤立を避けるために強者の支配する空間の中で自分の居場所を確保しようとして、いじめゲームや同調ゲームに参加しなければならないという状況、粗野で暴力的な政治が子どもの世界に展開しているのではないか。そういう中では、自分の意見を主張し、民主主義によって自治を運営し、互いに人権や自由を守り合っていく共同の世界、民主主義の政治の世界は想像もできないほど遠いところにあると感じているのではないか。

とするならば、主権者としての学習の目的は、一つには、子どもたちの中に、人権と人間の尊厳、民主主義と平和の方法で生きる関係性、子どもたちの自治の世界を切り拓く方法としての民主主義の政治を生み出すことである。もう一つは、人権や民主主義や平和への人類の努力、その到達点を学習するとともに、現実の社会や政治のあり方を批判的に吟味し、自分の関わり方や自主的判断力を形成していくことであろう。その両方に関わって、憲法学習は中心にすえられるべきものであろう。

政治は、国の政治として存在するとともに、現に子どもたちの関係性を拘束する生活世界の力学として存在している。そして、生活世界の政治の論理は国の政治についての子どもたちの観念を左右し、主権者としての態度や行動にも影響する。民主主義の政治を推進する態度の形成のためには、子どもの生活世界、学校生活の中に、民主主義を創りだす必要がある。

一八歳選挙権の現実化した今日においてこそ、民主主義の価値を探究する教育の基本的な構造を、学校教育の土台にすえ直す必要がある。民主主義こそ、明日の日本社会と日本の政治を担う主権者を育てる教育の価値的土壌である。今、私たちは教育の民主主義の新たな段階を切り拓く歴史的挑戦の中にある。

第1部　一八歳選挙権と教育の政治的中立性

第1章　高校生の政治学習と「教育の政治的中立性」
——政治学習・憲法学習の新たな展開に向けて

佐貫浩

一八歳選挙権が実現された。これは日本の政治に対して、大きな意義を持つものとなるだろう。今、多くの若者が、「声をあげる民主主義」を体験しつつある。それは新しい政治参加の波が生まれつつあることを意味している。

今、日本社会は、異常ともいえるほどに、社会矛盾が噴出しつつある。格差貧困が拡大し、多くの若者は、安定した職業に就くことができず、ワーキングプアに陥る不安を感じつつ、苛酷な競争の中におかれている。憲法第九条の解釈改憲が行われ、アメリカの戦争に参戦して、世界各地で日本の若者が戦争に参加させられる可能性が高まってきている。人権や平和や生存権が、いつ奪われるかわからない不安と危機が私たちの目の前に出現している。

にもかかわらず、そういう困難は、未だ政治への要求には必ずしも結びついていないように思われる。日本の子どもや若者は、長い間、政治から切り離されてきた。教育もまた、激しい受験競争の中にあって、日本の政治の主権者を育てることに失敗してきた。もちろん、多くの努力が重ねられてはきたが。

しかし、この政治的閉塞ともいいうる日本の社会状況が、大きく揺れ動きつつある。矛盾を生み出しているその根本に、政治があることを、そして安倍政権が、改憲までをも視野においた日本政治の一大転換を企図して、激しく国民に挑戦してきていることを、多くの人々が感じつつある。社会の既存の仕組みが、現代の切実な課題や私たちの願いに背いて動いているのではないかとの疑いを、多くの人々が感じ始め、新しい政治選択が不可欠だという考えが、多くの国民をとらえつつあるように思われる。原発をどうするか、集団的自衛権をどうするか、ＴＰＰをどうするか、福祉や老人介護や保育の危機をどうするか……かつてないほどの根本的な政治選択が、私たちの前に、押し寄せつつある。

若者を、そして高校生を、この大きく変化する日本社会の未来を託する主権者として迎え、共に政治を語り合う場を創り出すことが教育の課題となった。そのために教育は、どういう視点を求められているのか、その課題を検討してみよう。

一　「教育の政治的中立性」の二つの規範

政治とは、共に生きる方法の探究の過程と制度

政治とは、人間の共同性を実現するための制度と過程であり、その改革、発展を通して、人類は、人間の尊厳を実現する方法を発明し発展させてきた。人権、平和、民主主義、生存権など、私たちが受け継ぐべき社会的正義は、政治の中から発見されてきた。

政治学習とは、その中から蓄積されてきた正義と方法を身につけ、自らの生き方、社会と生活を切り拓いていく学びと探求の過程である。一八歳選挙権が実現された中で、それに応える新しい政治学習が、大胆に創造される必要がある。

しかし現実には、多くの高校生には、社会科は「暗記科目」と捉えられており、また社会科の政治学習は、政治の制度的な仕組みを学ぶことにほとんどとどまっている。そのため、政治学習に、多くの生徒は興味を持たないままで終わる。そのような現実を土台に一八歳選挙権が実現されたという事態が重ねられると、高校生は、これからは「主権者」として政治学習をしなければならないと、あらたな学習義務が課せられたかのように重荷を感じ、教師は「主権

者」へ生徒を教育しなければならないと考えてしまう。

　だが、あらためて問わなければならない。「主権者」は、教育されることで初めて「主権者」としての資格を持てるのだろうかと。教育は、生徒たちを「主権者」になれる水準にまで教育することが求められているのだろうか。大人たちはそういう水準を獲得したから主権者となったのだろうか、と。

　そうではないだろう。「主権者」とは、政治のありようを決定する正当な権利を与えられているということであり、その権利を行使する力を持っていると認められているということであり、一八歳であろうと、大人や教師と対等の判断者としてその考えが価値を持つということであろう。だから社会科や政治学習の空間が、そういう対等の判断主体の考えがつきあわされ、応答責任を背負った探求と討論の場となる必要があるということを意味しているのではないか。

　生徒を、すでに、今の君たちが、現に「主権者」なのだ、というスタンスで迎え入れることが求められているのである。多くの問題が政治と繋がっていること、政治が自分たちの生き方や行動や生活のありようを規定しているという現実認識、自らを規定し拘束するものとして政治を捉え、その政治を主体的に切り拓いていく場に自分がいるという位置を自他共に認識すること、そこに出発点があるのではないか。

「政治的中立性」は国家権力に対する規範である

国民主権とは、国民が国家をつくり出すという理念であり、社会的正義の発見、決定主体は、人権主体としての個人の側にあるということを意味する。国家と人権の関係におけるコペルニクス的転回の上に現代の人権体系があり、主権者教育があり、政治学習がある。したがって「政治学習」は、権力からの自由の下で行われなければならない。国家や行政は、何が真理であるか、個人がどんな価値に従うべきかについて、干渉しないということが近代国家の基本的な原理であり、したがって教育における内容的価値の選択と実現に対して、国家は干渉しないという意味で「中立」の位置を取らなければならない。これは「教育の政治的中立性」の基本原理である。

教育の方法における「中立」の規範

公教育としての政治学習は、子どもの中に、政治の現実を捉え、理解し、そのありように対する主体的な判断を可能にする価値的判断体系を育て、主権者として政治参加していく力を育てることに責任を負う。しかし教育は、特定の「価値判断体系」を教え込んだり、強制することはできない。それは、①生徒の思想形成の自由の保障、②「価値判断体系」は教え込みや伝達によって生徒自身のものとすることはできない、③価値判断体系の形成は、生徒自身の内的な営みとしてのみ可能であるという、教育それ自体の本質から要請されることである。

その意味で、教師は、生徒が形成・獲得する価値判断体系に対して、一人の人間の価値的主体性の根幹として、その価値観や価値判断については尊重するという意味で、したがってまた教師の価値判断を押しつけないという意味で、「中立」でなければならない。ここでいう「中立」とは、生徒の価値判断に対して、教師は価値的に――すなわち良いとか悪いとか、間違っているとか――評価しないという意味で中立的位置取りをするということである。これは教育の本質が教師に課する教育方法上の制約である。

この制約は、教師の専門性に課せられる規範となる。正確を期するために付言すれば、それは決して教師の態度全般に「政治的中立性」を求めるというものではない。それはあくまで、教師の教育実践の方法に対するものであり、「特定の政党を支持し、又はこれに反対するための政治教育その他政治的活動」を公の教育として行ってはならない（教育基本法第一四条第二項）というものである。したがってまたそれは、あくまで教師の専門性の責任において、自己規律的に実現されるべき規範である。

もしこの規範に対する誤りが生じたとしても、それが政治権力によって判定され、取り締まられる場合、それは、権力が直接どのような教育内容や方法における価値方向が望ましいかを直接判断することとなり、ただちに「教育の政治的中立性」の基本原理を侵犯することになる。したがって、この誤りは、教師の専門性の錬磨という方法によって、すなわち権力からの教育の自由のもとでの文化的、科学的批判と探究で克服されるべきものである。

補足するならば、以上の展開から明らかなように、権力に求められる「中立」と教師の教育方法に求められる「中立」とは、その内容が異なっていることに留意しなければならない。権力に課される「中立」規範の延長上に教師の教育方法に課せられる「中立」概念をとらえてはならないのである。

二　生徒の権利としての「政治学習」の基本性質

政治学習は生徒を政治主体、歴史をつくる主体へと成長させる

政治学習において、何が真実であるかの探究は基本的人権として保障される。それは憲法第一九条「思想と良心の自由」、第二三条「学問の自由」（国民の真理探究の自由）および第二六条の教育を受ける権利によって保障されている。子どもの権利条約もこれを保障している。

一九八五年ユネスコ「学習権宣言」は、学習権を「自分自身の世界を読みとり、歴史をつづる権利」と規定し、「人間の生存にとって不可欠な手段」であり、「もし、世界の人々が、食料の生産やその他の基本的な人間の欲求が満たされることを望むならば、世界の人々は学習権をもたなければならない」「もし、私たちが戦争を避けようとするなら、平和に生きることを学

び、お互いに理解し合うことを学ばねばならない」「学習活動は、あらゆる教育活動の中心に位置づけられ、人々を、なりゆきまかせの客体から、自らの歴史をつくる主体にかえていくものである」と規定していた。「政治学習」の意義がここに見事に規定されている。

政治学習は、当然にも、現実の政治に対する批判や意見をともなう。その批判や意見を封じることは、歴史的な深刻な経験を経て――天皇制絶対主義による侵略戦争の非人間的で、悲惨かつ無謀な経験を経て――、絶対に許されないこととされ、学問や教育の自由の原則が確立されてきた。教育や生徒の学習が、現実の政府の政治を批判的に吟味する力量を形成することは、民主主義国家（主権在民国家）にとって不可欠であり、教育の責務である。そのような学習と教育が保障されることで、国民主権国家はより発展し、国家権力の正統性もまた高まる。

政策選択課題に対して教師は特定政党の判断を押しつけてはならない

政治教育の中で、これからの国民の民主主義的意思表明により政策選択が行われる問題に対して、教師や学校が特定の選択肢を強制することは許されない。ここでは、先に述べた教育の本質から教師の教育方法に要請される「中立」の規範が守られなければならない。

しかし、政府の政策への批判の自由が、この理由で抑圧されてはならない。政府の政策への批判が封じられるならば、政治的真理探求の権利が奪われる。権力の政治を批判的に検討することと、政策選択課題に関して特定政党の見解を押しつけることとは、全く性質の異なるものであり、後者の禁止は、決して前者の自由を奪う理由にはならない。公教育から、政府の政策を批判的に検討する自由を奪うことは、侵略戦争への反省を投げ捨てることとなる。

政治教育の目標は主体的な政治的選択ができるようになること

権力や教育行政に「教育の政治的中立性」が求められ、また教師の教育方法に「中立」が求められるのは、生徒が、価値選択の自由の下で、主体的な政治に関する価値判断能力を獲得・形成していくためである。したがってこの規範が誠実に守られることで、生徒は消極的「中立」（まだ判断できないから政策選択ができない状態）を克服して、自分の認識と価値規範にしたがって、自分の視点から政治選択・判断ができるように励まされる。

重要なことは、その結果、生徒は、自分の視点から政治選択を行い、意見を表明し、行動するようになるということである。それは政治教育の当然の目標であり、また結果でもある。国家と教育者に課せられる「中立性」規範は、生徒自身が消極的「中立」を超えることとして成果を生み出すのである。特定の政治主張をするような生徒が生まれたのは、「中立性」が守られなかったせいだ、「偏向教育だ」、というような批判は、このことを全く理解しない不当なものである。それは生徒の学習の自由、思想の自由、表現の自由に対する抑圧そのものである。

政治学習には表現の自由が不可欠である

教育＝学習一般において、知識を獲得し、討論をし、自分の意見をつくり出す能動的な展開をたどるためには、「表現」が不可欠である。表現とは、自らの意見の形成の過程であり、他者との応答責任を背負ったコミュニケーションの場に参加して自分の考えを客観化し、発展させていく重要な学習の段階である。

生徒が自分の考えを創り出すためには、価値の自由が保障されるとともに、表現の自由が全面的に保障されなければならない。教師が生徒の発言を「正解」かどうかでチェックし評価するような雰囲気のある学習空間では、生徒は自分の考えを自由に表現することができない。

表現の自由の空間は、同時に他者への応答責任を背負うことを求める。この応答責任を背負った論争の中で、生徒は自分の考えの説得性を高めようと努力し、過去の歴史的教訓や証拠を組み込み、論理的整合性や一貫性を高め、発展させていく。このような応答責任を背負った公共的な真理探究の場を創り出し、そのような公共的空間への自由な表現による参加を促すことが、生徒の政治学習の質を高める。

したがって、生徒の表現に対して、権力や行政が直接干渉し、その表現を抑圧することは決して許されない。生徒が学習の成果を表現し、発表し、討論することに対して、その表現内容を制限したり抑圧するならば、それは学習そのものの発展過程を抑圧する。

三　主権者形成と生徒の自治と政治活動について

「政治学習」の展開のためには、現代の支配的な学習観の転換が課題となる

求められている政治学習は、現代の学校教育と生徒に深く浸透している学習観、「真理＝正解」を修得し、問い（テスト）に対して「正解」を答えるという学習観をそのままにしては、実現できない。テスト対応型の競争的学習は、その意味と価値が学力偏差値として示され、それを求めて学習が動機化される。しかし本来の政治学習の目的と意欲はこれと全く異なる。前者が前提とする学習の目的と価値観の上に、新しい政治学習を切り拓くことはできない。

政治主体を育てるためには、生徒を知識を伝達する客体として啓蒙《けいもう》の対象にするのではなく、学び考える主体としての位置におき、それを支え、援助するという教師の立ち位置が求められる。現実を調べること、批判的に物事を見ること、そこから問題を発見すること、自分の感覚や思いに立脚して考えること、他者の思いや願いを聞き取る力を獲得すること、思いや考えを自由に表現すること、討論によって他者と意見を交換すること、討論の中で応答責任を負うこと――などなどの力の形成が不可欠となる。政治学習の展開の全ての過程で、生徒を主人公と

した学習の仕組みをつくり出すことが求められる。

そのためには、自らが置かれている状況や社会の現実に根ざした探究を開始するならば、生徒は必ずや現代政治の民主的な担い手としての視野や認識を獲得してくれるだろうという、深い生徒への信頼に立つことが求められている。一八歳選挙権を前にした政治学習は、日本の教育に浸透した生徒の学習の受動性を克服、転換していく挑戦を伴わなければならない。

青年期の学習と政治学習の不可欠性

青年期の学習にとって、社会とのあらためての出会いが不可欠である。社会に対する個の存在の意味、他者に対する自分の役割の取得、労働と政治を通した社会参加への見通し、総じて社会的意識を踏まえた自己の新たな発見を経ることなくして、青年期の学習目的と学習意欲の形成はできない。受験学習が、目的を問わない――より極端な言い方をすれば、目的を問うことを許さない――学力の獲得を、個人の人間としての価値評価基準として強制している中で、日本の若者の青年期が奪われているのである。

本格的な政治学習の実現は、その克服の一環となる。そういう政治学習は、高校生に、大人の知識や判断を教え込むものではなく、今の社会の問題をどうすれば解決できるのかという、大人が直面している困難を解決するために、若者に、高校生に知恵を借りることであり、彼らに日本の未来を託すことであろう。大人自身の社会との格闘、政治との格闘をしっかりと若者に示し、その格闘を共に担ってくれることを呼びかけるものでなければならない。政治という世界に、人間として生きられる仕組みをつくり出す人間としての営みがあることを、若者や高校生に知らせることができるかどうかが問われているのではないか。その大人からの心からの訴えは、日本の若者の新しい本格的な青年期の情熱を引きだすものとなるのではないか。

生徒の生活の中に自治と政治を立ち上げる

「政治学習」のリアリティーは、生徒自身が政治を自らつくり出す課題に直面することによってこそ与えられる。そのための政治参加の一つは、クラスや学校の自治の担い手となることである。

今、生徒が仲間と共に生きる空間の歪みが深刻化している。「居場所」を確保するいわばイス取りゲームが、いじめの空間、ネット空間でのバトルとして展開している。いじめとして展開している生徒のミクロポリティックスの世界の矛盾をしっかりととらえ、生徒の中に平和、安全、平等、表現の自由、民主主義の政治的正義を実現することは、今、教師にも生徒にも、激しいたたかいを必要とするほどの課題となっている。教室と生徒間に憲法的正義を実現するには政治学習が不可欠である。この他者と共に生きる空間の歪みを克服していくためには、他者の尊厳を保障しあい、個が人権主体として平和に、安全に、自由に生きられる公共空間をつくり出すことが不可欠になっている。

それは、たんなる学習を超えて、教室と学校の生活の中に、民主主義的で自治的な政治そのものをつくり出していく営みと結合されてこそ進めることができる。その意味で、政治学習は、今、子どもたちが生きている世界を人間化するたたかいの一環となることで、本格的なリアリティーを獲得する。子どもが生きる空間に人権と平和の政治空間をつくり出すことと、現実政治に対する政治主体の形成とは深くつながっている。

基本的人権への要求や政治的要求は、民主主義が保障された中でこそ、個によって、生きるために不可欠なものとして発見される。いじめや同調圧力にさらされ、自分の思いを封じられ、「居場所」を確保するために他者に受け入れられる自分をつくり続ける中で、本音を見失い、自分の苦しさや理不尽の率直な表現を断念し合っている中では、自分に降りかかる困難を自己責任として引き受けるほかなくなってしまう。生徒の中から自治が、表現が立ち上がってこなければ、自由に議論し学び合う空間も生まれてこない。一人ひとりの困難や本音の思いを受け止め、聴き取り、個として尊重し合う民主主義の空間が、個から発する主体的な政治を一人ひとりの中に立ち上げることができる。自治への取り組みは、生徒の間に新しい信頼と表現の自由、民主主義をつくり上げるものとして工夫されなければならない。その意味で、主権者への形成は、生徒の間における自治の形成と不可分に結びついている。

高校生の政治活動の禁止は時代錯誤

このような政治学習にとって、生徒の「表現の自由」「意見表明」が不可欠である。そのような「表現」は、まず何よりも教育と学習のプロセスの一環である。しかしまた、真に主体的な判断力を獲得させる教育は、当然にも、社会に対する主体的な意見表明の要求をも高める。だからこそ、政治学習の展開は、「政治活動」の自由を求める。

政治学習の不可欠性を否定できなくなった段階においてなお、生徒の「政治活動」をさまざまな理由を挙げて制限し禁止しようとする「新通知」（文部科学省「高等学校等における政治的教養の教育と高等学校等の生徒による政治的活動等について」二〇一五年一〇月二九日）は、その点で、大きな矛盾を内包し、人権と教育の論理に反した、時代錯誤的なものとなっている。

第一に、授業や生徒会活動や部活動などで政治問題を調査、議論し、意見を表明することは、それが現実政治に対する批判を含んでいても、自由に保障されなければならない。それは、特定の党派が、この学習の場を支配し利用することとは全く異なっている。例えば生徒会が憲法学習を呼びかけ、立憲主義とは何かを議論するなどの自由が、保障されなければならない。そもそも学習や自治的討論の場と内容に対して、禁止や制限を加えてはならない。

第二に、学校の休み時間や放課後や休日の政治活動を禁止するというのは不当であるとともに、そもそも不可能である。放課後の少数の友人同士の会話などにおいて、政治問題を議論すること、選挙の話をすること、どの政党の政策が良いのか、等々を議論したり主張し合ったりすることを禁止する方法など存在しない。そういう規制は、学校を、生徒が政治問題を議論することと自体を禁止するという、政治学習の抑圧措置として機能させる。

第三に、学校の外で、基本的人権として保障されている選挙活動や政治活動を、生徒の間に対立を生むとか、勉強がおろそかになるとかの「恐れ」や「支障」の予測を理由に、禁止・制限することができるなどというのは、暴論というほかない。議会が決める法でもっても基本的人権の制限はできないものを、校則ならできるというのだろうか。一八歳選挙権が価値あるものとして承認された中で、政治学習を活性化させ、一八歳に達した生徒を主権者として政治参加させようというときに、いったいどんな理由で、「政治活動の禁止」が正当化されるというのだろうか。愛媛県などでは、学外での政治活動の届け出制が、学校の校則という形で設定された。それは、権利として保障された市民的自由を侵すものであり、また内心の自由を侵害し、表現の自由、生徒の政治活動の自由に不当な圧力をかけるものである。

一八歳選挙権への深い期待が国民の中に存在している

一八歳選挙権の実現が、そういう高校生の成長と、日本の学校の学習観の転換とにつながることへの期待が、国民の中に深く存在している。全国高等学校ＰＴＡ連合会の「意見」は、そのような熱い期待に満ちている。

「日本国民は、国民として市民として公民として、政治的教養の陶冶《とうや》をあまりにもないがしろにしてきた。長い間、主権者教育という意識さえ一部の学校関係者以外には存在しなかった。今後の主権者教育の前途には様々な課題があって試行錯誤の連続となるであろうが、必ず上手くいくものと信じている。なぜなら、高校生が強い知的好奇心と柔軟な思考力を持ち、純粋な正義感に満ちているからであり、彼らを信じて粘り強く教育を継続することによって高校生の政治的教養が飛躍的に高まることは疑いない。従って、彼らに対して敬意を持って遇することが大切である。大人の不合理で抑圧的な態度や言説こそ若者の反発や社会の不安定を招く要因となる。私たち大人は過剰な介入や抑制を避け、理性と知性と経験によって高校生を導かなければならない。このことを肝に銘じておきたいものである」（二〇一五年九月三〇日「一八歳選挙権年齢引き下げに関する意見〔修正版〕一般社団法人全国高等学校ＰＴＡ連合会・会長佐野元彦」）

四　教師の責務と専門性の役割

教師に課せられる規範は教師の教育方法に対する規範

生徒が、自らの価値にしたがった政治選択、政策選択を行うためには、生徒の価値判断の自由が保障されなければならない。教師は、「政策選択課題」に関して、対立する考えとそのもとになっている資料について、その両方（あるいは複数）を生徒に提示することが求められる。そして生徒自身が、それらの資料や考えを自分で検討・吟味した結果として、生徒の判断がなされるような、政治学習の条件が必要である。それは教師の教育方法に対する要請である。

何が本質的な対立点であるかについては教師の探究責任が

しかし、政策選択をめぐって、何が論争され、本質的な対立点がどこにあるかについての教師の判断は、どういう資料を提示し、どういう論争に注目させるかに関わって、教育上大きな役割と責任を負う。そこに関わる教師の関与をゼロにすることはできない。そのテーマに関する政策的な対立があるにしても、その土台には、現実政治の問題や矛盾が存在している。その原因や解決方法を探究していくこと自身が教育の責務であり、教師の責任である。

政策選択という政党間の論争が選挙を前に展開されるとしても、政党自身が争点隠しに走る可能性もある。もちろん、政策選択自身は、生徒自身の主体的選択によるほかないが、問題の本質を探究、解明する学習を組織する責任を、教師は背負っている。そのための論点をどう深めるか、矛盾の本質にどう迫らせるか、などの課題についての教師の見通しなしには、政策選択上の本質的な対立点に向けての学習を組織することができなくなるだろう。

「政策選択課題」と「到達点のある論争課題」の区分と政治学習の構造

社会科学習や政治学習における論争的課題には、その選択が今後の政治選択に任されている課題（「政策選択課題」）と、論争が存在しているとしても科学の到達点（「学界の共有財産」）や国民的な一定の合意点が存在している論争課題（「到達点のある論争課題」）がある。たとえば、アジア・太平洋戦争が侵略戦争であったという判断についてみれば、それは歴史学上の到達点（通説）であり、また村山談話などの政府見解でもある。そういう「到達点のある論争課題」については、その到達点は教科書にも記述される教育内容となり、学習すべき内容となる。

しかし、そういう到達点の学習は、提示された認識や価値の到達点をそのまま受け入れるべきものとして学ばせるものではなく、自らの認識や価値判断を、客観的根拠や説得性のあるものとして形成するために踏まえ、格闘すべきハードルとして学ぶということであろう。

社会科教育や政治教育のテーマには、何らかの程度で、この両者の性格が含まれている。たとえば、憲法改正問題は「政策選択課題」だとしても、立憲主義という到達点の上に日本の政治が構築されているという認識は、今日の憲法学上の通説的到達点であり、そのことの学習は、「政策選択問題」としての憲法改正を議論する際に、その土台に組み込まれる必要がある。

主権者教育は、日常的な平和教育、憲法教育、人権教育、歴史教育のしっかりした蓄積を不可欠とする。しかも今、これらのテーマの学習は、日本の未来がかかるほどの重要性と緊急性を帯びつつある。一八歳選挙権に向けた政治学習は、この日常的な社会科学習と、選挙を控えての政策選択に対する学習との両面から、進められなければならない。

しかし「到達点」を教え込むだけでは主体的な政治学習は縮小

にもかかわらず、もし政治学習が、教師の作成した教材に基づいて、「学界の共有財産」という科学の到達点を受動的に、いわば「正解」の伝達として学ばせる授業で埋め尽くされるならば、生徒は、自分で政治選択をする主体的判断力の獲得から遠ざけられてしまうだろう。何が課題であるかの判断を生徒自身が主体的に身につけていくことも困難となるだろう。

その点では、政治学習は、学校での学習にとどまらず、選挙やその後の政治展開の再吟味、多様な市民的政治参加、そしてまた選挙という政治的実践と円環的に結合されて展開するのであり、その全プロセスを貫いて、一人ひとりが政治的要求と政治的正義を探究する、永続的な学びの過程である。そういう主体的な学びと政治参加とがリンクする状態が生みだされるならば、一人ひとりが、高度で安定した民主主義政治の担い手になることができるという深い確信に立って、生徒の中に主体的な政治学習が起動することをこそ、課題とすべきであろう。

教師は自分の見解を話してもよいか

文科省が出した高校生の政治的活動に関する「新通知」には、「教員は個人的な主義主張を述べることは避け」という縛りがかけられている。しかし教師は学校教育の中で、自分の意見を述べることが積極的な意義を持つ場面、生徒に問われて自分の考えを述べることが求められる局面、あるいは真理を探究するために科学を踏まえて間違いを指摘しなければならない局面などにしばしば立たされる。この「縛り」は、このような教師の対応を躊躇《ちゅうちょ》させ、萎縮させる役割を果たす。生徒とともに真理を探究する教師が、自分の意見を、必要に応じて一つの見解として述べることと、教師が見解を押しつけることとは別ものである。イギリスやドイツなどの政治教育の方法においては、教師の見解を述べることの意義と方法が明示されている（この点については第2章および第11章を参照）。

教育の場には、生徒同士、さらには教える教師と生徒の間にも、真理をめぐって自由に意見を交わし、相互に批判ができる空間を形成することが不可欠である。教室に生徒の主体的な意見形成を保障する価値自由の学習と表現空間をつくり出すことこそが、教師の教え込みや価値強制を克服するための有効な基盤づくりとなる。

政治学習を進める教師の専門性の錬磨を

重要なことは、そういう教師の責務の達成、そのための方法の探究と錬磨は、教師の専門性の背負うべき課題だということである。したがって、それは教育の自由、教師の専門的自由の空間において探究され、もし誤りが生まれれば、教育の自由、学問研究の自由の論理によって、改善されていかなければならない。繰り返すが、もしその「逸脱」を権力や行政が監視し罰するようなことが行われるならば、それは直ちに教育の政治的中立性の基本原理の侵犯という決定的な事態を引き起こすこととなる。

＊

本来、教育の場には、自由に意見を言い合う民主主義が不可欠である。政治の空間で生まれた声を上げる民主主義の噴出を、教育世界での自由な声を出せる民主主義の立ち上げにつなぐことが今日の課題である。歪められた「中立性」による恫喝《どうかつ》は、この動きを封じようとしている。これに対抗するには、教師の側に、教育の本質に対する理解と確信が欠かせない。

また最後に補足しておくが、若者の政治的主体への成長は、教育によって推進されるだけではなく、社会的な「形成」によっても強力に行われる。「形成」とは、生徒が生きている社会や大人の政治活動がつくり出すさまざまなメッセージが、直接・間接に影響を与え、生徒の価値観形成や態度形成に影響を与える作用を指している。

その点でいえば、投票率の低さや大人の政治的無関心、大人自身が声を上げる政治をつくり出し得ない状況は、これからの政治を担う子どもや若者に対する否定的な形成作用として、多大な影響を及ぼす。大人自身が政治参加を高めること、政治に対して声を上げること、主権者として子どもの前で、希望を切り拓く政治をつくり出すために全力の努力をすることが、一八歳選挙権の実現の時代における大人と教師の責任であることを忘れてはならない。

第2章　一八歳選挙権と教育実践の課題
――すべての生徒に主権者教育を

宮下与兵衛

世界の選挙権年齢をみると、一九二の国・地域のうち、一七〇の国・地域が一八歳（それ以下も含む）選挙権を実施していて、ＯＥＣＤ加盟国三四か国の中で、一八歳選挙権でないのは、韓国（一九歳）と日本（二〇歳）だけであった。キューバなどとともにオーストリアも二〇〇七年から一六歳選挙権にし、イギリスやドイツ、デンマーク、スウェーデンなどでも一六歳選挙権が検討されている。

二〇一六年からの一八歳選挙権実施に向けて、二〇歳代の投票率の低さから主権者教育の必要性が政府側から提唱され、文科省は「政治的教養教育と高校生の政治活動に関する通知」を出し、高校生向け副教材を作成し、学校で使用するよう配布した。ここでは、一八歳選挙権と政治教育、主権者教育を中心に教育実践の課題について検討してみたい。

一　総務省の主権者教育論と国際的な動向

総務省「常時啓発事業のあり方等研究会」は二〇一一年に、主権者教育についての報告書をまとめ発表している。若者の投票率について、二〇歳代では昭和五〇年代は全体の投票率より一〇ポイントほど低かったのが、現在では二〇ポイントほど低いと指摘している。その原因には学校教育があるとして、教育基本法第一四条第一項で、「良識ある公民として必要な政治的教養は、教育上尊重されなければならない」とされているにもかかわらず、同条第二項で「法律に定める学校は特定の政党を支持し、又はこれに反対するための政治教育その他政治活動をしてはならない」と要請していることなどから、「我が国の学校教育においては、政治や選挙の仕組みは教えるものの、政治的・社会的に対立する問題を取り上げ、政治的判断を訓練することを避けてきた」として、政治的リテラシーを身につけていけるような積極的な主権者教育を提起している。

世界では生徒の政治的権利保障をどうしているか

一九六八年は世界の若者が改革を求めて立ち上がった年である。そのたたかいに対して、日本政府と諸外国の政府がとった若者政策は全く反対のものになった。フランスでは、その「五月革命」に対して、保守派のド・ゴール大統領は中学生以上に生徒の意見表明権と学校運営への決定権をもった参加（「学校管理委員会」「懲罰委員会」「成績会議」への代表参加）、政治的権利（集会・結社の自由）と行政への参加を認めた。しかし、一九九〇年には、学校は生徒の権利をきちんと保障していないとして高校生による全国集会・デモが繰り広げられ、政府は高校生たちが要求した学校への予算増額（九〇〇億円）を決定し、そして完全な権利保障を学校に実施させた。

以後、高校生による全国各地の集会が開かれ、要求を全国代表が文部大臣に提出し、教員増、教育予算増を勝ち取っている。また、国立大学の授業料有償化提案には全国的な高校生・大学生によるデモが行われ阻止してきて、現在も手続き料二万五〇〇〇円のみである。

ドイツでも、一九七三年に「学校における生徒の位置づけについて」を常設文部大臣会議で決議し、学校と生徒との関係を「特別権力関係」（日本の校則のように一般の法律にはないルールをつくれるもの）を廃止して、「学校関係」（生徒も一般市民の法律と同じルールとする）に転換した。そして、各州が「学校参加法」を定め、小学五年生から学校の最高決議機関である「学校会議」に代表を出して学校運営をしていくようにした。[◆1] こうした学校運営への生徒参加はヨーロッパ諸国だけでなく、オーストラリア、ニュージーランド、カナダなどでも実施されていて、主権者教育、シティズンシップ教育になっている。

ユネスコは、子どもたちに三つの参加「学校運営への参加、社会・行政への参加、授業への参加（参加型授業）」を保障するように世界の教師に呼びかけてきた。[2] また国連は子どもの権利条約を一九八九年に採択し、日本でも一九九四年五月二二日に発効させた。この条約で、子どもの「表現・情報の自由」（第一三条）、「思想・良心・宗教の自由」（第一四条）、「結社・集会の自由」（第一五条）が子どもの権利として認められた。そして、国連子どもの権利委員会は、日本では、子どもに関することを決める時に、「学校その他の施設において、方針を決定するための会議、委員会その他の会合に、子どもが継続的かつ全面的に参加すること」を保障していないとして、「確保すること」と勧告をしてきている。[3]

二　高校生の政治的活動をめぐる政策の経過と問題点

文部省の禁止政策

一方、日本では、戦後初期に文部省は「生徒自治」は認めなかったものの「生徒参加」を奨励し、各県の「進学校」を中心に生徒会の学校運営への参加が行われた[4]。また、一九五〇年代になると、一九五一年に全日本高校生協議会が結成されて一一の都道府県に地方組織もできていき、特に一九五三年には京都に生徒会連絡協議会ができ、一九五四年には高知県の高校生徒会連合がすべての県立高校生徒会加盟で結成され、大きな運動を展開した。

　高知では高校生が平和問題、教育問題などに取りくみ、授業料値上げ反対運動では知事・県教委との交渉で成果を得るなど教育行政に参加した。さらに、一九五九年に勤務評定不提出で県教委が一一名の校長を処分すると、その撤回を求めて高校生数千名で抗議行動をした。また、一九六〇年の日米安全保障条約改定に反対する「六〇年安保闘争」では全国各地で高校生も集会やデモに大量に参加した。

　こうした高校生の運動に対して、一九六〇年六月の新安保条約成立翌日の二〇日に、全国高校長協会は高校生のデモ禁止の声明を出した。また文部省は同年一二月二七日に「高等学校生徒会の連合的な組織について」という通達を出し、「生徒会の全国的または地域的な連合組織などを結成したり、それに参加することは、教育上好ましくない」として、「適切な指導」を各高校に求めた[5]。高知県教委も一九六二年に文部省と同じ内容の通達を各校に出し、翌年に高知の生徒会連合は約一〇年の活動の歴史を閉じた。

　一九六〇年代末には、高校でもベトナム反戦運動や学校の民主化（校則改正や集会・掲示・政治活動の自由など）を求める活動が広がったが、大学生の過激なセクトの運動の影響を受けた高校生が、授業や卒業式を妨害するなどの紛争を起こした。こうした一九六八年から翌年の運動に対して、文部省は一九六九年一〇月に、「高等学校における政治的教養と政治的活動について」（「六九通達」）を出し、高校生の政治活動（学校内外で政治的な団体や組織を結成すること、政治的な文書の掲示や配布、集会の開催）を禁止した。

また教員に対しても、「現実の具体的政治的事象は、内容が複雑であり、評価の定まっていないものも多く、現実の利害の関連等もあって国民の中に種々の見解がある」ので「公正な態度で指導」し、「慎重に取り扱う」ことを求めた。

これ以降、京都、大阪、群馬などの生徒会連絡協議会は、一九七〇年頃に消滅した。学校では授業やホームルームや部活動、文化祭で政治的な問題を扱うことに消極的になり、全国的に生徒会の自治活動、社研部や新聞部の活動も衰退していった。高校生の自主活動である各県の「サマーキャンプ」や「討論集会」「高校生集会」も減少していき、政治に関わる活動としては、高校生平和ゼミナールによる「全国高校生平和集会」（一九七四年から毎年開催）や「イラク攻撃反対全国高校生平和大集会」（パレードに一二五〇人参加）などの集会のほかにはほとんどない状態が続いてきた。

文科省の「主権者教育」「高校生の政治活動一部容認」の新通知

二〇一五年一〇月、一八歳選挙権実施に向けて、文科省は高校生の政治活動を禁止した「六九通達」を廃止し、新たな通知を出した（第3章も参照）。その概要は次のようである。

①政治的教養の教育……教師は個人的な主義主張を述べるのを避け、公正中立の立場から生徒を指導。特定の政治的立場に立って生徒に接してはならず、また地位を利用しない。授業では、民主主義の意義とともに、現実社会の諸課題を考察し公正に判断する力、協働的に追究し解決する力、公共的な事柄に自ら参画する意欲や態度を身に付けさせる。現実の具体的な政治的事象も取り扱う。自らの判断で権利を行使できるよう、具体的かつ実践的な指導を行う。利害の対立のある事柄では、さまざまな見解を提示。冷静で理性的な議論の過程の重要性を理解させる。

②校内での活動……政治的中立性の確保の観点から、生徒の政治的活動は無制限に認められるものではなく、必要かつ合理的な範囲で制約を受ける。校内では、選挙運動や政治的活動を禁止する。放課後や休日でも、制限または禁止する。

③校外での活動……放課後や休日の校外での選挙運動や政治的活動は、違法、暴力的なもの、学業や生活に支障がある場合は制限または禁止が必要。生徒に公選法上、特に気をつける事項を周知する。

それまでの方針と大きく変わった点は、高校生の校外における政治活動を容認したことである。しかし、校内での政治的活動はほとんど禁止されている。しかも、その根拠とされている教育基本法第一四条二項の「特定の政党を支持し、またはこれに反対するための政治教育その他の政治的活動をしてはならない」は、学校に要請されているものであり、生徒に要請しているものではないのである。また、「校長は在学する生徒を規律する包括的な権能を有するとされている」から生徒の活動を制約できるとしているが、憲法で保障されている「集会、結社及び言論、表現の自由」（二一条）という自由権は制約できないというのが憲法の人権原理である。

憲法のテキストで最も権威ある芦部信喜氏の『憲法　第六版』では、日本国憲法の「主権が国民に存することを宣言し」の国民とは、「有権者」と「全国民」の両方を指す、としている。したがって、一八歳未満の子どもたちも主権者なのであり、主権者としての権利、子どもの権利条約の子どもの権利は保障されなくてはならない。

また、文科省の「Q＆A集」では、校外の政治活動や選挙活動についても、「学校への届け出制にするのは可能か」について、「届け出たものの個人的な政治的信条の是非を問うようなものにならないようにすることなど配慮」すれば、「各学校で適切に判断する」ことができるとした。愛媛県では、すべての県立高校で校則を改定し、届け出制を義務化した。届け出制にすると、届出用紙にどの政党の集会、どんなデモに参加するなど書いて提出することになり、学校は生徒の政治的信条を把握してしまい、「思想・信条の自由」「集会・結社・表現の自由」の侵害になりかねない。警察から情報提供を求められた時、拒否してその個人情報を守ることができるのか。また、生徒が進路のことなど考えて届け出ずに参加した場合、学校は校則違反で処分するのか。処分されて保護者が裁判に訴えたら、憲法裁判になるが、学校はその覚悟が持てるのか。

また、文科省の説明会では、「生徒会がエアコン設置などを議会に請願することはいけない。するなら有志で行うべき」と述べている。子どもにも請願権があり、今までも、長野県などで高校の統廃合計画に対して生徒会が署名を集めて請願や陳情をしてきており、なぜ、有志はよくて生徒会はいけないのか根拠がないものである。

教師に対しても、今までのように規制中心の内容になっている。授業における政治的教育については、「具体的な政治的事象も取り扱う」「権利行使できるよう具体的かつ実践的な指導を行う」としたことは、今まで「政治的中立」ということで扱いにくかったことであり、実践の可能性は広がったといえる。しかし、文科省は「教員は個人的な主義主張を述べることは避け、公正かつ中立な立場で生徒を指導すること」としている。

この文科省の通知は総務省の研究会報告の内容からも大きく後退した規制中心のものである。全国高等学校ＰＴＡ連合会（佐野元彦会長）が文科省に意見書を提出し、さらに文科省のヒヤリングでも提起してきたのは、「高校生の政治活動制限に関する新たな規制や法的措置は不要であると考える」「学校の教員についても、現行の法制以上に新たな規制法令を用意することは教員の指導意欲をそぐとともに、指導内容の貧困を招く」という規制に反対するものであった。

こうした報告や意見書も尊重されずに規制中心の内容になったのは、二〇一五年七月八日に自民党が出した「選挙権年齢の引き下げに伴う学校教育の混乱を防ぐための提言」で「学校における政治的中立性の徹底的な確立」を強く求めたからといえる。

三　世界的な若者の社会離れ

一九八〇年代に英国ではサッチャー政権による新自由主義政策で福祉国家主義が転換され、また教育の中央集権化と競争原理の導入がすすめられた結果、若者に疎外感、ドロップアウト、シニシズムが広がり、選挙に行かなくなった。これに危機感をもった政府は、政治学者バーナード・クリックを委員長とする諮問委員会の報告書「シティズンシップのための教育と学校で民主主義を学ぶために」（一九九八年）を受けて、二〇〇二年から中等教育でシティズンシップ教育（市民性の教育）を必修科目とした。

米国では、一九九〇年に「国家およびコミュニティ・サービス法」を制定して、サービス・ラーニング（社会参加活動によるシティズンシップ教育）の推進を図るが、一九九八年には投票率の低下など「市民が社会から遊離している」と指摘する報告書「傍観者の国家」が発表される。そして、二〇〇〇年には『孤独なボウリング』が発行され、著者の政治学者ロバート・パットナムはアメリカのコミュニティは崩壊しつつあるとし、その原因である社会関係資本（人と人とのつながり）を再生し、政治的活動などの市民社会制度を再建していくことを提起した。

続いてパットナムは、世界各国の社会関係資本の実態と民主主義との関連を各国の研究者と共同して研究した。それによると、各国とも選挙参加、政党加盟、組合加盟、教会参加が減退している。特に若い世代は政治に関心が弱く、政治家と他人に不信感が強く、公的な物事に対してシニカルで、そして社会組織に参加しない傾向があり、それは特に米国と英国に強い傾向があるとした。しかし、福祉国家であるスウェーデンではこうした傾向は見られないとしている。◆6

英国や米国の投票率が大きく低下し始めたのは一九八〇年代であり、新自由主義の進行とともに選挙参加は衰退している。そして日本でも一九九〇年代から、全世代とも投票率は二〇パーセントも減少していて、特に二〇代の投票率は、衆参とも三三パーセントほどである。新自由主義による競争と自己責任の社会の中で、貧困と格差、非正規雇用、派遣、ブラック企業という社会的排除を強いられ、「自分をこんな状態に置きながら何もしてくれず、非難さえしてくる社会」に対して「社会不信」になっていると湯浅誠は指摘している（『反貧困』）。また、未来に展望が持てない閉塞感から、右翼的な強い指導者を支持するポピュリズムによって、投票に行った若者の中で、橋下（大阪）、安倍（首相）、田母神（都知事選）への支持率は高い傾向を示してきた。

日本の若者はなぜ選挙に行かないのか

　パットナムらの研究では各国の既存の組織への参加や選挙への参加の減退を指摘しながらも、「連帯主義的個人主義」や「ゆるやかな結合」を特徴とする新しい社会運動が各国で生じていることも分析している。[◆7]それは、二〇一一年の米国の若者によるウォール街占拠の「オキュパイ・ウォールストリート運動」（その後、大統領選での民主党のサンダース候補の躍進につながる）、二〇一四年の台湾の学生による国会占拠の「ひまわり学生運動」（その後の馬政権交代につながる）、二〇一四年の香港の学生による座り込みデモの「雨傘革命」などである。

　日本では東日本大震災後の若者のボランティア意識の向上が言われていたが、政治に対しても、近年の政治の右傾化、平和憲法改憲の動きの中で若者たちに変化が起こり始めている。高校生による核兵器廃絶の「高校生一万人署名」活動や、団体「僕らの一歩が日本を変える」による政治討論イベントや「全国高校生徒会大会」が開催されている。

　また、大学生などによる「若者憲法集会」が開催され、「特定秘密保護法に反対する学生有志の会（SASPL）」、安保関連法に反対する「自由と民主主義のための学生緊急行動（SEALDs）」が国会前などで継続的に抗議活動を続けていて、運動は全国に広がっている。高校生も「T―nsSOWL（ティーンズソウル）」が呼びかけたデモに三〇〇〇人以上が参加した。

これらの若者の運動の特徴は、組織としての参加ではなく個人としての参加であり、スピーチでは自分自身がなぜ参加したかを述べ、大学名と氏名を述べるという個としての主体的な参加であるということである。「民主主義ってなんだ?」「これだ!」というコールに現れているように、求めているのは民主主義と立憲主義を守れという主権者としての主張である。また非暴力のたたかいを貫いている。

しかし、こうした積極的な活動もまだ一部のもので、参加している高校生たちへのインタビューで「学校の中では政治や社会問題については語れない」雰囲気があると述べている。(NHK「クローズアップ現代」二〇一五年九月九日)

日本高等学校教職員組合が一八歳選挙権について高校生に意識調査してきたデータがある。それは、一九七七年から定期的に続けてきた「高校生の憲法意識調査」の中の「一八歳選挙権」を問うものだが、「賛成」はおおむね二〇パーセントという結果が続いてきた。しかし、二〇一二年の調査では二九パーセントに微増し、そして、一八歳選挙権が決定された後の二〇一五年秋の全国一万人の高校生への調査結果では次のようになった。

「一八歳選挙権について」は、「賛成」「どちらかといえば賛成」合わせて五四・一パーセントになった。「一八歳になったら投票に行きますか」には、「行く」「多分行くと思う」合わせて六一・九パーセントで、その理由(複数回答可)は、「若い世代の意見を政治に反映させたいから」四〇・〇パーセント、「自分たちの将来を勝手に決めて欲しくないから」三九・二パーセント、「投票に行くことは国民の義務だから」三一・九パーセント、「投票に行くことは国民の権利だから」二〇・九パーセントというものであった。

「行かない」「多分行かないと思う」と答えた生徒の理由（複数回答可）は、「政治について判断できないから」四六・三パーセント、「誰が政治をやっても変わらないと思うから」二六・九パーセント、「自分の一票で政治が変わるとは思えないから」二二・九パーセント、「政治に無関心だから」二二・六パーセントというものであった。高校生の意識は大きく変化してきているといえる。

私は二〇一四年一二月の衆議院議員選挙の直後に、大学生に聞いたところ、投票に行った学生は約四分の一であった。なぜ行かなかったか聞くと、「関心がない」「わからない」「投票しても、どうせ社会は変わらない」という返事であった。これは、上記の高校生の「行かない」理由とも共通していて、若者が社会に関心をもち、投票に行くようになるには、これら三つの否定の「ない」が肯定に変わるような主権者教育が必要であると考える。

四　学校における主権者教育のとりくみ

全国の中学や高校で、社会科の授業で模擬投票がとりくまれている。全国民主主義教育研究会発行の『主権者教育のすすめ――未来をひらく社会科の授業』（二〇一四年）には、模擬投票のほかに、模擬裁判、ディベート、「新聞」学習、「学びの共同体」、フィールドワーク、「総理大臣に手紙」、弁護士の出前授業、憲法学習、原発・放射線学習、高校生平和ゼミナール活動などが紹介されている。これらは、ユネスコが呼びかけてきた「子どもたちに三つの参加を」のうちの、「授業への参加」（子ども参加型授業）であり、また平和ゼミナール活動は「社会への参加」による主権者教育のとりくみである。

子どもによる模擬投票は世界的に実施されている主権者教育であるが、日本の学校で実施されてきた結果は大人の選挙結果と同じような傾向が出ており、二〇一四年一二月の衆院選前の模擬投票の全国結果では、大きな政党（自民党と民主党）には大人の結果より投票率が高く、小さな政党には低くなっている。◆8 模擬投票で大切なことは子どもたちに投票に行く習慣を身につけさせることと同時に、事前学習によって各政党のマニフェストと実績などを読み取り比較できる政治的リテラシーの力をつけていくことであると考える。投票を義務とする有権者教育ではなく、権利としての選挙権を自覚した主権者としての力をつける教育でなくてはならない。

「偏向教育」攻撃に対して――ドイツを参考に

政治教育では「偏向教育」批判をされないようにどうすすめるべきかという課題がある。この課題については、近藤孝弘氏が『ドイツの政治教育』（二〇〇五年、岩波書店）で紹介しているドイツの政治教育とそのコンセンサスとされている「ボイテルスバッハ・コンセンサス」（一九七六年）が参考になる。

ドイツでは戦後、「人びとの非政治的態度がナチズムを生んだ」という反省から、政治教育が重要視されてきていて、各州の学校法が政治教育の規定を定めている。学校では、「政治科」の授業があり、テキスト『政治を体験する』などで、民主主義、地方自治、共生、ナチズムの歴史、マスメディアによる政治操作、政治参加などを学んでいる。また、ジュニア選挙（模擬投票）で最も大切にされているのは、投票までの事前学習で、社会科（政治科や歴史科）ばかりでなく他の教科も含めた授業を数時間使って政治的リテラシーを学んでいく。そこで選挙制度やメディアの戦略などの情報が提供され、各政党の主張や候補者について自ら調べることが促される。また学校外でも連邦政治教育センターを中心に、刊行物発行、国際交流、講演会、コンクールなどによる多角的な政治教育が展開されている。

ドイツの政治教育学では、「一九六〇年代から七〇年代の保革の緊張が厳しかった時代には、憲法とそれに基づく社会の現状を守ることを重視する保守派と、社会をより積極的に民主化しようとする革新派との間で、政治教育をめぐる対立が生じ」、「一九七六年に全国の代表的な政治教育学者が南ドイツの町ボイテルスバッハに集まり、共通理解を作るべく討論を行い」、そこで合意をみたものが「ボイテルスバッハ・コンセンサス」と呼ばれ、「今ではドイツの政治教育の基本原則として広く受け入れられている」。(『Voters』No.26　近藤孝弘論文)

「ボイテルスバッハ・コンセンサス」とは、政治教育では、「①教師は生徒を、期待される見解をもって圧倒し、生徒が自らの判断を獲得することを妨害してはならない。②学問と政治において議論のあることは、授業においても議論のあるものとして扱わなければならない。③生徒は、政治的状況と自らの利害関係を分析し、自分の利害にもとづいて政治的状況に影響を与える手段と方法を追求できるようにならなければならない」というコンセンサスである。国家や教師による「教化」(教え込み)を排し、生徒一人ひとりの「政治的判断力・行動力」の獲得を促す政治教育である。

また、ドイツの「政治教育学および青少年・成人教育のための学会」が連邦教育学術省と常設文相会議の委託を受けて二〇〇三年に作成した「学校における政治科教育のナショナル・スタンダード」では、「政治教育が養成すべき能力」は「①政治的判断能力、②政治的行為能力、③方法的能力」であるとしている。「政治的行為能力」の重視については、多くのドイツ人がナチスに対して批判的だったのに、抗議の声をあげなかったためにアウシュビッツをもたらしてしまったという認識に基づいているということである。◆9

主権者意識を育む自治活動

日本における公民科を中心にしたさまざまな政治教育の授業実践は、若者が投票に行かない理由としてあげている、政治・選挙に「関心がない」「わからない」を変えていく実践である。それでは、「投票しても、どうせ社会は変わらない」という意識はどうしたら変えることができるのであろうか。

なぜ、「どうせ、社会は変わらない」という意識が形成されているのか。私は、二つの大学で学生に毎年、高校までの校則と生徒会活動についてアンケートで意識調査をしている。紙数がないので簡潔にその結果を述べると、多くの学生が学校の校則や授業などを「変えてほしい」という改善要望をもってきたが、「要望を聞かれたことはない」し、「変わるものだと思ったことはない」という学生が大半である。

また、「少しでも変えたいと、生徒会役員になった」学生は、多くが「要求は学校に拒否されて終わった」と答えていて、「挫折感だけ味わった」という学生もいる。「生徒会活動とは何か」という質問には、「文化祭を行うためのもの」という答えがほとんどである。つまり日本の若者の多くは学校で生徒会活動などを通じて、要求を意見表明して話し合い、合意できたら実現するという参加民主主義、協議民主主義の体験をもっていないということである。この民主主義体験の欠如が「どうせ、変わらない」という意識形成の原因になっていると考える。

生徒参加と共同による学校づくりである「三者協議会」(生徒・教職員・保護者)や「四者協議会」・「フォーラム」(生徒・教職員・保護者・地域住民)に生徒会が参加して、校則の改善や授業の改善に取り組んでいる辰野高校◆10(長野)や大東学園高校(東京)を見学した多くの大学生たちは、「生徒が学校を変えられることがわかった。私のいた学校にも三者協議会があったら、私も生徒会活動に参加していた」とレポートに書いている。生徒参加と共同による学校づくりは、民主的な学校づくりと共に、この参加民主主義、協議民主主義の体験による主権者教育、シティズンシップ教育を実現していけると考える。

政府の「主権者」教育について

政府は愛国心教育を強調する道徳の教科化を決定し、さらに「教養や規範、自立した生活を営む力を身につける」とする新科目「公共」も導入しようとしている。自民党の憲法改正草案が平和主義のみでなく立憲主義までひっくり返してしまうような内容であることからも、安倍「教育再生」ですすめられようとしている主権者教育とはどういうものなのか注意していかなくてはならない。

文科省の主権者教育では「模擬選挙」が推奨されているが、きちんとした事前学習で政治的リテラシーを学ぶことのない「模擬選挙」ならば、それは主権者教育ではなく若者を選挙に動員して投票率を高めるだけの有権者教育となってしまう。文科省通知の内容も政治活動については禁止事項の記述が多く、フランスなどの教科書がデモなどの政治的権利を記述した主権者教育であるのと対照的である。

今後、政治的リテラシーを獲得していく教育に対する規制や偏向教育攻撃も予想される。しかし、攻撃を恐れて自主規制することなく、すべての生徒に政治教育、主権者教育を保障していくことが課題であると思われる。

※本章は『人間と教育』二〇一五年冬号（「一八歳選挙権と政治教育」特集）に掲載された拙稿に加筆したものである。また、主権者教育については、拙著『高校生の参加と共同による主権者教育――生徒会活動・部活動・地域活動でシティズンシップを』（かもがわ出版、二〇一六年四月）を参照されたい。

◆1　生徒参加については、浦野東洋一他編『高校生の自主活動と学校参加』（一九九八年、旬報社）の小野田正利（フランス）、柳澤良明（ドイツ）の論文参照。
◆2　一九七三年ユネスコ「中等教育についての勧告」、一九九四年ユネスコ「国際教育会議」文書など。

◆３　日本政府への国連子どもの権利委員会の「第二回最終所見」（二〇〇四年）、「第三回最終所見」（二〇一〇年）。

◆４　宮下与兵衛「戦後の学校運営への生徒参加の歴史と辰野高等学校の三者協議会――特別活動と生徒の参加・自治」、宮下与兵衛・濱田郁夫・草川剛人『参加と共同の学校づくり――「開かれた学校づくり」と授業改革の取り組み』（二〇〇八年、草土文化）。

◆５　田久保清志「戦後日本の高校における生徒参加」柿沼昌芳他『高校紛争――戦後教育の検証』（一九九六年、批評社）。

◆６　ロバート・パットナム編著（猪口孝訳）『流動化する民主主義――先進８カ国におけるソーシャル・キャピタル』二〇一三年、ミネルヴァ書房。

◆７　同上書、三五七ページ。

◆８　模擬選挙推進ネットワークのホームページより。

◆９　近藤孝弘『ドイツの政治教育　成熟した民主社会への課題』二〇〇五年、岩波書店。

◆10　辰野高校の実践については、宮下与兵衛『学校を変える生徒たち――三者協議会が根づく長野県辰野高校』（二〇〇四年、かもがわ出版）、宮下与兵衛編著『地域を変える高校生たち――市民とのフォーラムからボランティア、まちづくりへ』（二〇一四年、かもがわ出版）を参照。

第3章　高校生の政治学習・政治活動、「新通知」批判

安原陽平

二〇一五年六月一七日に公職選挙法が改正され、選挙権年齢が一八歳以上に引き下げられた。一八歳選挙権実現に伴い、とりわけ政治教育・政治活動との関わりでいえば、一九六九年に発出された「高等学校における政治的教養と政治的活動について」（以下、旧通達。後に通知に変更されている）が廃止され、新たに「高等学校における政治的教養の教育と高等学校等の生徒による政治的活動等について（通知）」（以下、新通知）が発出されるという動きを挙げることができる。

本章の課題は、この新通知の批判的分析である。高校における政治的教養の教育ならびに高校生の政治活動のそれぞれに深く関わる新通知が、いかなる問題を抱えているかを教育法学的および憲法学的に考察していく。

一　旧通達から新通知へ

およそ半世紀近くの時を経て旧通達が廃止され新通知が登場することとなったが、[1] 政治教育と高校生の政治活動のそれぞれの記述において、見過ごせない変化を指摘することできる。

まず、政治教育における重要な変化について、新通知では「第２　政治的教養の教育に関する指導上の留意事項」で「３．指導に当たっては、学校が政治的中立性を確保しつつ、現実の具体的な政治的事象も取り扱い、生徒が有権者として自らの判断で権利を行使することができるよう、より一層具体的かつ実践的な指導を行うこと」とされ、「特定の事柄を強調しすぎたり、一面的な見解を十分な配慮なく取り上げたりするなど、特定の見方や考え方に偏った取扱いにより、生徒が主体的に考え、判断することを妨げることのないよう留意すること」と新たに述べられている。政治的事象の取り扱いに際して学校の政治的中立性が意識され、二〇一四年一月一七日の教科書検定基準の改正で登場した社会科固有の新条件に類似の文言が登場していることも確認できる。

たしかに、旧通達においても、「教師としては中立かつ公正な立場で生徒を指導すること」

とあるように、中立や公正への言及はあった。しかし新通知では、現実の具体的な政治的事象にまで中立性概念が妥当するとし、政治教育を語る際に政治的中立性を下敷きにしているように思われる。また、教科書検定基準の改正が「教科書における記述内容や話題・題材等の扱いについては、児童生徒の多面的・多角的な考察に資するよう、公正・中立でバランスのとれたものとなっていることが必要である[2]」としていたことを踏まえるなら、その趣旨にそって新たにつくられた検定基準と類似の文言を使用することは、公正や中立がより強く意識されていることを意味していると評価できよう。

他方、高校生の政治活動に関わる新通知の記述について、まず、旧通達の「第四　高等学校生徒の政治的活動」「一　生徒の政治的活動が望ましくない理由」が削除されている。そして、旧通達では「二　生徒の政治的活動を規制することについて」で「基本的人権といえども、公共の福祉の観点からの制約が認められるものである」とされ、生徒の基本的人権が公共の福祉から規制されるという理解であったものが、新通知では「高等学校等の校長は、各学校の設置目的を達成するために必要な事項について、必要かつ合理的な範囲内で、在学する生徒を規律する包括的な権能を有する」として、校長の包括的権能による制約が説かれている。

旧通達では、生徒の政治的活動が望ましくない理由について、本人利益の保護のために行動を制約する原理、すなわちパターナリズムの観点[3]から説明がなされ、そのうえで人権保障の一般論である基本的人権と公共の福祉という対抗関係[4]と関連させて生徒の政治活動の規制が論じられていた。しかし、新通知では、「基本的人権」と「公共の福祉」という観念は削除され、校長の包括的権能が強調されることとなっている。

なぜ以上の二か所を見過ごせない個所といいうるのかについては、前者に関しては中立性概念による教育内容統制の典型的な現れと評価することができ、後者に関しては人権なき裁量統制の典型的な現れであると評することができるからである。これらのことは、若干結論を先取りして述べるなら、限られた（それも権力の側に都合のよい）情報のみで、限られた手段（本来憲法上保障されている自由を制約された状態で）だけを通じて、政治参加することを高校生に強いることにつながる。

二　教育への権力的介入と新通知

教育への権力的介入は、戦後のどの時代においても問題視され警戒されてきたことであるが、とりわけ二〇〇〇年代以降、その動きは顕著であり多くの問題を惹起《じゃっき》させている。代表例として、一連の国旗・国歌訴訟、教科書検定基準の改定、道徳の教科化を挙げることができ、各々の領域において様々な権力的介入の態様を見て取ることができる。新通知の抱える問題を検討する前段階として、二〇〇〇年代以降の教育への権力的介入の特徴を以下確認する。

一連の国旗・国歌訴訟、たとえば東京都の例でいうと、都教委発出のいわゆる一〇・二三通達によって各学校の校長は職務命令の発出を事実上強制された。そして、職務命令を受けた教師は、信念を貫き処分を受けるか、処分を回避するために信念に反する行為をとるかという状況に追いやられ、一つの立場選択を迫られることとなった。ここに、法令による強制を通じた教育への権力的介入を確認することは十分可能であろう。また、教師に対する強制は、その状況を見る児童・生徒に同調圧力をかける可能性があることも十分に指摘できる。

教科書検定基準については、二〇〇九年と二〇一四年の改定において「公正・中立でバランスのとれた」内容を持つ教科書作成が目指されていることが確認できる。二〇〇九年に、新教育基本法二条の教育目標規定などと教科書の記述の一致が求められる条件が登場し、二〇一四年一月には「特定の事柄を強調し過ぎていたり」するところはないこと、「通説的な見解がない数字などの事項について記述する場合には、通説的な見解がないことが明示されている」こと、そして「閣議決定その他の方法により示された政府の統一的な見解又は最高裁判所の判例が存在する場合には、それらに基づいた記述がされていること」といった条件が新たに追加されている。[5] ここには、価値に深く関わる新教基法二条の規定に沿いつつ、政府見解や最高裁判例を記述すること、また同時に、特定の事柄の強調や、十分な配慮なき一面的見解を排除することで、公正性・中立性が保たれるという考えが存在している。公正性・中立性という概念を通じた教育内容統制の一端を看取することが可能である。

そして、道徳の教科化であるが、従来、教科外教育であった道徳が、特別の教科となることはよく知られている。教科となることで、学習指導要領に基づく教科書の登場、当該教科書の使用義務、そして記述式ではあるが成績評価の導入がなされることとなる。さらには道徳教育推進教師の役割も強調されている。[6]道徳の教科化は、教育への権力的介入の最たる例といえよう。本来専門的知識によって基礎づけられない道徳的価値について学習指導要領などで内容を規定し、教師に授業と成績評価をさせ、児童・生徒へ道徳的価値に関わる重大な影響を及ぼすからである。

以上、近年の教育への権力的介入を概観したが、ここにはいくつかの共通する特徴が存在する。この点の考察を進めるにあたって、政府の言論という概念から国旗・国歌問題、教科書検定、道徳の教科化を批判的に分析した蟻川恒正の指摘[7]は示唆に富む。蟻川は、一連の分析を通して「政府の言論をなぞるようにして教育課程が進行すること[8]」を指摘している。個々の問題に即してみると、国旗・国歌訴訟の場合、「政府が下書きを書いて、教師らがそれをなぞる、という構造[9]」があるという。具体的には、たとえば、「ピアノ伴奏拒否訴訟でいえば、学習指導要領のもとに、教育委員会と校長とが『君が代』のピアノ伴奏行為のお膳立てをして、そうして用意された舞台に音楽専科の教諭等が上がって筋書ないし台本であるところの式次第に従ってピアノ伴奏をすることが求められているわけです[10]」と述べられている。そして、教科書検定では、「書かせる検定への性格変化を明瞭に示しはじめています」[11]、そして道徳の教科化に関しては「『道徳』の授業で繰り広げられるのは、政府の言論によって先導された教材を、生徒たちが、学習評価の成績を考えて、教師らの前では額面通りに受け入れて試験に答えるという退屈な光景である可能性が低くない」[12]と評している。

蟻川は以上のような分析を行うが、教育課程において政府によって書かれたものをなぞるということがそもそもなぜ可能となっているのか。その理由として、一つには、情報と価値が画一化されていること、すなわち情報と価値がコントロールされ、一つの考えのみしか許容されていないことを挙げることができる。複数の情報や価値を教育課程で扱うこととなった場合、取捨選択や配列というプロセスがどうしても必要になる。なぞることが可能であるというのは、そのプロセスがカットされ、情報と価値が画一化されているからである。

このことは、同時に、特定の情報や価値の排除が行われていることも意味する。国旗・国歌問題でいえば、国旗と国歌をいかに扱うかというあらゆる選択肢のうち、「国旗は、式典会場の舞台壇上正面に掲揚する」や「式典会場において、教職員は、会場の指定された席で国旗に向かって起立し、国歌を斉唱する」[13]以外の選択肢は排除されている。教科書検定においても「特定の事柄を強調」することを禁止していることや「政府の統一的な見解又は最高裁判所の判例」へ言及すべきという基準などから、一定の情報の扱い方が排されていると理解することができよう。そして、道徳の教科化に至っては、扱うべき内容と排列が学習指導要領で決められており、扱う内容にとどまらず、その排列すらも選択肢がきわめて限定されるという内容になっている。

さらに、情報と価値の画一化とそれ以外の排除は、理性的な思考や批判能力の育成にも影響を与える。たとえば、国旗・国歌問題のなかで世取山洋介が「論争的主題に関わる教育活動は、子どもに、なぜそれが論争的主題となっているのかの理由および論争的主題への応答として存在している多様な意見の布置状況を丁寧に説明することが求められる」[14]、そして「論争的主題をめぐって求められる理性的な思考のプロセス」[15]と述べているように、とくに答えを一つに限定できない問題については、理性的ないしは批判的な思考が必要とされる。また、そのような問題を扱うことを通じて教育現場で理性的・批判的な思考が育まれよう。しかし、「多様な意見の布置状況」を認めないような権力的介入によって、このような思考の育成は困難となる。

そして、政治教育、主権者教育に関しては、教育の政治的中立性が強く意識されており、この概念の扱いいかんでは、教育への権力的介入をより一層進めることとなりかねない。

すでに戦後の早い段階で教育における政治的中立性が対国家規範（あるいは対教育行政規範）であること、同時にそのことにより政治教育の自由が、学校ないしは教師に保障されることが意識されていた[16]。しかし、教科書検定基準や改定時の審議にもみられるように、現在この政治的中立性という考え方は政府や教育行政が教育内容に介入する根拠となっており、中立性という規範が国家権力をしばるものとして理解されていない状況が現出している[17]。

新通知は、情報と価値の画一化と排除が進み、政治的中立という規範的統制が政府ないしは教育行政に及ばないという状況のなかで発出されたものである。新通知でいわれる学校の政治的中立性、特定の事柄の強調禁止、そして配慮なき一面的な見解や特定の見方に偏った取り扱いの禁止について、政府ないしは教育行政がその意味を確定し、政治教育を推進していく可能性がきわめて高い。様々な政治的見解の在り方や、現在の政策などに対する肯定的・否定的な見方に触れることが限定された政治教育のなかで、理性的思考力や批判能力、より具体的には政治的リテラシーを個々の高校生は身に付けるような政治学習が可能となるであろうか。

三　高校生の基本的人権と新通知

権力の側によって画一化される政治教育、そしてそのなかで行われる限定された高校生の政治学習という問題にとどまらず、高校生の政治活動の自由についても十分に保障されていないことを新通知から読み取ることができる。

新通知発出に伴い、高校生の政治活動の一部「容認」という報道が見られた。[18] 規制されていたものが「容認」され自由になるという新通知で示された立場は、旧通達よりも自由を保障しているように捉えられなくもない。しかし、この「容認」という理解に、表現、政治活動が原則自由であるという思考とは逆転した思考が垣間見え、むしろ旧通達よりも政治活動の自由、あるいはそれを含む憲法上の自由に冷淡になっている可能性すらある。

本来、基本的人権によって保障される自由を享受するのは個人である。そのため、基本的人権の保障とその限界を考える際には、個人の自由、個人の基本的人権が出発点としておかれなければならない。そのうえで、公共の福祉、特殊な法関係から導かれる法理、本人利益の保護（いわゆるパターナリズム）などを根拠に、そもそも自由の制約が必要であるか、必要であるなら必要最小限度の制約にとどまっているかなどを詳細に検討していくこととなる。

旧通達における規定は、たしかに高校生の政治活動を広範に規制する構造になっている。高校生は未熟であるという前提に立つ過度なパターナリズムに基づき◆19、高校生の政治活動が望ましくない理由を述べ、校内はおろか校外にいたるまで政治活動に対する制限、禁止あるいは指導は「当然」であるとまで言い切っている。

しかし、この旧通達にあっても「基本的人権といえども、公共の福祉の観点からの制約が認められるものである」としている。もちろん、この公共の福祉という観念が、人権相互の衝突を調整する原理、すなわち内在的制約説として理解されているかは疑わしい。ただ、そのような問題はあるものの、基本的人権を出発点として考える思考の範型を採っていたといえる。

他方、新通知は、「高等学校等の校長は、各学校の設置目的を達成するために必要な事項について、必要かつ合理的な範囲内で、在学する生徒を規律する包括的な権能を有するとされていることなどに鑑みると、高等学校等の生徒による政治的活動等は、無制限に認められるものではなく、必要かつ合理的な範囲内で制約を受けるものと解される」とあるように、校長の生徒に対する規律権能が出発点となっており、そればかりか基本的人権や公共の福祉という憲法ランクで登場する言葉への言及すらなくなっている。

旧通達が人権を出発点とする思考とあらわすことができるのに対し、新通知は規制権限を出発点とする思考ということができる。ここには、人権の論理と権限（権力）の論理との逆転がある。人権はどこまで保障されるのかという問題と、権限はどこまで及ぶのかという問題は、仮に結論が同じになったとしてもその思考には根本的な違いがある。

権限を出発点とする思考は、規制をする側の裁量を前提とする。しかも、この裁量は、過去の教育に関する裁判からするに、ほとんど無限定といえるほど広範なものとなっている。たとえば、校則裁判で有名な熊本男子中学生丸刈り校則事件において、「校長は、教育の実現のため、生徒を規律する校則を定める包括的な権能を有する」ということを出発点としつつ、「右権能は無制限なものではありえず、中学校における教育に関連し、かつ、その内容が社会通念に照らして合理的と認められる範囲においてのみ是認されるもの」[20]で、校則の「内容が著しく不合理でない限り、右校則は違法とはならない」としていることからもわかるように、権限を出発点とする思考が採られている。実際、この裁判例を含めその後の校則裁判において、校則それ自体が違憲・違法とされた例は一件もない。[21]つまり、校長の包括的な権能を出発点とした場合、「内容が社会通念に照らして合理的と認められる範囲においてのみ是認」という限界はあるもののほとんど機能せず、校長の判断が最大限尊重される運用がなされている。新通知においても、「必要かつ合理的な範囲内で」という限界はあるものの、機能するかどうかは疑わしい。

さらに、校長にとどまらず、文部科学省[22]、教育委員会[23]も、規制をするうえでの広範な権限を有している。一応はそれぞれが独立した機関と考えられているが、文部科学省、教育委員会、校長という段階構造で包括的な支配が及んでいる点にも注意が必要である。

以上のことから、高校生の政治活動に対する規制は、規制をする側のきわめて広範な裁量にゆだねられており、さらには人権として保障されている自由が規制されているのだという意識を形成しづらくもなっている。このことは高校生の政治的無関心に拍車をかけることになりかねないし、また政治活動を望む高校生にとっては、いかなる規制がどのような不利益をもって登場するか不透明であるため萎縮効果を及ぼす可能性がある。

新通知の思考を乗りこえて――むすびにかえて

旧通達が出た翌年、今からおよそ半世紀前に、牧柾名は、「『国益』もしくは『体制的価値』に反する政治教育と政治活動が制限・禁止されるのであって、軍国主義的・帝国主義的諸政策をささえ、これに積極的に加担する政治教育と政治活動はむしろ奨励されるのである」と喝破し、「要するに政府は、国民を統治していくのに必要な政治教育は積極的におしすすめているということである。『主権者』を『体制』にふさわしいものに育てあげるための政治教育は奨励しこそすれ、禁止する必要はない」[24]と述べている。

　政治教育においては、情報と価値の画一化と排除が、国家による政治的中立の実現という誤った理解のもと進み、政治活動においては、規制をする側の論理と裁量で高校生の基本的人権が制約されている現状において、この牧の言説は説得力を持って現代によみがえってくる。

　そして牧は、「現在をこえて生きる主体を形成することが、教育の社会的役割の主要な側面であるから、学習主体である高校生は、単に教えられるものではなく、教育を要求する主体、教育を受ける権利主体として位置づけられる。このような存在として把握することが基本である」[25]（傍点は原文）として、高校生を学習主体として把握することが基本であることを確認する。

　新通知は、高校生の学習主体性、権利主体性を根本的に否定する可能性を持つものである。このような考え方を克服するためにも、教育の権力からの自律性、政治的中立の対国家・対教育行政規範性、そして、高校生も基本的人権を行使する主体であること、これらのことを再確認することがなにより重要である。

◆１　本稿は新通知に対する批判的分析が課題である。そのため、その範囲でのみ旧通達と新通知を比較するにとどめている。新通知と旧通達の詳細な比較については、新教育基本法法制研究特別委員会ワーキング・グループ「一八歳選挙権と政治教育――教育の『政治的中立性』の批判的検討」『日本教育法学会年報』第四五号（二〇一六年）一六三～一六八ページ参照（世取山洋介執筆個所）。

◆２　「教科書検定の改善について」（審議のまとめ）（教科用図書検定調査審議会、二〇一三年一二月二〇日）五ページ。

◆３　世取山・前掲注１一六四～一六五ページ参照。

◆４　基本的人権も絶対に無制約ではなく公共の福祉による限界が存在することの理解の代表的なものとして、芦部信喜『憲法　第六版』（岩波書店、二〇一五年）九八ページ以下参照。

◆５　これら教科書検定基準改定の詳細と問題点の指摘については、中川律「教科書検定制度に関する考察」『日本教育法学会年報』第四四号（二〇一五年）五一～六〇ページ参照。

◆６　道徳の教科化に関する問題点については、拙稿「道徳教育の分析――『教科教育』と『道徳教育』の関係の変容」『季刊教育法』第一八五号（二〇一五年）二四～二九ページ参照、同「道徳教科化の教育法的問題点」『日本教育法学会年報』第四五号（二〇一六年）一一九～一二八ページ参照。

◆７　蛯川恒正「政府の教育言論」『日本教育法学会年報』第四五号（二〇一六年）二一～

三四ページ参照。また、政府言論の法理についての近年の文献として、横大道聡『現代国家における表現の自由　言論市場への国家の積極的関与とその憲法的統制』（弘文堂、二〇一三年）。
◆8　蟻川・同上三三ページ。
◆9　同上二七ページ。
◆10　同上二七ページ。
◆11　同上三一ページ。
◆12　同上三三ページ。
◆13　入学式、卒業式等における国旗掲揚及び国歌斉唱の実施について（二〇〇三年一〇月二三日、東京都教育委員会）。
◆14　世取山洋介「意見書　国歌斉唱儀式における不起立・不斉唱を理由とする教員懲戒処分における裁量権濫用の有無について」『法政理論』第四四巻第一号（二〇一一年）二一四ページ。
◆15　同上二二一ページ。
◆16　新教育基本法法制研究特別委員会ワーキング・グループ「一八歳選挙権と政治教育――教育の『政治的中立性』の批判的検討」『日本教育法学会年報』第四五号（二〇一六年）一六八〜一七三ページ参照（安原陽平執筆個所）。
◆17　高校生の政治学習と政治的中立性についての詳しい検討は、本書第1章参照。
◆18　たとえば、毎日新聞「18歳選挙権：高校生デモ、容認を通知　文科省、校外の活動に限定」（東京朝刊、二〇一五年一〇月三〇日）三〇ページ、琉球新報「高校生の政治活動／デ

モや集会　参加容認／文科省　校内の選挙運動は禁止／教員には中立指示」（朝刊、二〇一五年一〇月三〇日）九ページなど。

◆19　教育基本法八条をめぐる論考であるが、未熟を根拠とした高校生の政治活動に対する規制への批判として、牧柾名「政治教育と政治活動——教育を受ける権利と教育基本法第八条」『ジュリスト』四四二号（一九七〇年）五五～五九ページ参照。

◆20　熊本男子中学生丸刈り校則事件（熊本地判昭和六〇年一一月一三日『判例時報』一一七四号五六ページ）。

◆21　市川須美子「六六校則裁判の論点」日本教育法学会編『教育法の現代的論点』（法律文化社、二〇一四年）三二八ページ。

◆22　文部科学省は、新通知のなかで校内および校外における規制の態様について詳細に整理しており、また二〇一六年一月二九日には通知の解釈に関するQ＆Aを出している。

◆23　たとえば、愛媛県教育委員会は、新通知を踏まえてデモや集会に参加することを届出制として校則化するよう指示するなどし、県内全校で実現している。この点につき、たとえば、朝日新聞「政治活動届け出、校則化　18歳選挙権で愛媛県立全高校」（朝刊、二〇一六年三月一六日）一ページ。

◆24　牧・前掲注19五五ページ。

◆25　同上五八ページ。

第2部　政治学習を切り拓く実践から

第４章　一八歳選挙権と模擬選挙
――模擬選挙の課題と今後の主権者教育の展望

春日雅博

「政治分野は難しくてわからない。興味・関心もわかない」と苦手にしている高校生が多い。「どうしたら生徒が授業に、より主体的に向き合い、より楽しいと感じられるのか」などと日頃から考えている。

ある時、「模擬選挙」という授業実践があることを知った。「模擬選挙」は教科書を学ぶだけでなく、実際に行われている選挙に模擬参加することで、生きた教材を体験することができ、現実の政治の理解を深めるきっかけの一つになるのではないかと考えた。

そこで、二〇〇九年度の衆議院総選挙より模擬選挙を授業に取り入れ、現在に至っている。この章ではこれまで実施してきた五回の模擬選挙を概観し考察してみたい。

一　これまでの模擬選挙の概観

二〇〇九年第四五回衆議院議員総選挙

選挙日二〇〇九年八月三〇日、長野県下諏訪向陽高等学校一年生「現代社会」六クラス。

①実施内容……私が初めて模擬選挙に取り組んだ選挙である。この時は衆議院選挙が実施される情勢だったので、四月当初より毎時間「今日は何の日」という時事問題を盛り込んだ自作プリントを使って、政治や経済に対する興味関心を引き出そうと試みた。

まず模擬投票の直前に、衆議院選挙制度を確認した。選挙日が二学期の開始一週間後だったため、時間割によってクラスごとに準備にあてた授業時間がばらついてしまった。そこで、時間に余裕のあったクラスだけ新聞を使った調べ学習に取り組み、他のクラスは小選挙区の立候補者と政策の確認にとどまった。調べ学習に取り組むことができたクラスは、各党のマニフェストの比較や地元の立候補者の訴えなどをまとめた新聞記事を教師がコピーして配布した。生徒は「景気対策」「医療年金」「安全保障・外交」「雇用」「子育て・教育」「財源・消費税」の六班に分かれ、担当分野ごとに各党の政策をワークシートに書き出し違いをまとめた。班ごとにまとめたものを発表した後、模擬投票を実施した。

②考察……ほとんどの生徒が、模擬選挙はいい体験だったという感想を持ったようである。実際に投票行動を体験することで、「選挙って、こういうもんなんだな」と感じることができ、イメージをもつことができたようだ。また、模擬選挙実施前は聞き流していたニュースに耳を傾けるようになった生徒も少しではあるができてきたようである。

二〇一〇年第二二回参議院議員通常選挙

選挙日二〇一〇年七月一一日、赤穂高等学校定時制四年生「現代社会」一クラス。

①実施内容……この年に参議院選挙が実施されることがわかっていたので、定時制でも模擬選挙に挑戦しようと考えた。ただ、下諏訪向陽高等学校は全日制の一年生が対象だったが、赤穂高等学校は定時制。学校も生徒も異なるので、模擬選挙までの準備期間を定時制の生徒の特徴を生かしたものにしようと考えた。

まず、定時制は働いている生徒が多いので、切実な労働の現実と結びつけて、「働く」ことから政治を考えていくこととした。そして、「政治は私たちの人生を大きく変える」「選挙は『税金を使う人』を選ぶのである」という点について理解を求めた。具体的に「景気対策、就職支援、年金のしくみ、社会保障のしくみ、国が財政赤字を解消するために消費税の値上げなどを行うと専門学校・大学の授業料の値上げや物の値段の上昇につながる」などの例を出しながら解説した。さらに、その当時よくマスコミに登場していた湯浅誠氏の言葉を紹介しながら、若年代の投票率が低いという現在の実態とこれから行う「模擬選挙」の意義を理解させた。

そして、教科書や資料集で参議院選挙制度のしくみを学習し、新聞記事（信濃毎日新聞、長野日報）で立候補者の考えを学んで模擬選挙の参考にした。この時は比例代表選挙のみを実施した。県選挙区の候補者の名前を書いて投票してもいいこととし、票を集計する時は、候補者が属している政党に置き換えることとした。

実際の投票結果は新聞を使って確認した。そこで、政治は私たちの生活にとって大変身近なものであり、投票行動は「国民の意思を正確に反映させる」ものだということを再確認させた。最後に、池上彰氏の『そうだったのか！　参議院選挙』（長野朝日放送）を見ながらプリントの穴埋めをさせ、模擬選挙のまとめとした。

②考察……生徒に模擬選挙を取り組ませたのは二回目になるが、模擬選挙に取り組むと選挙や政治に対する関心が高くなるのを感じた。授業中や授業外でも選挙や政治に関する話題を話す生徒が増え、いいきっかけづくりになった。参議院選挙直後に行われた「民主党代表選挙」のことが教室内で大いに話題になっていた。このような雰囲気は、前述の下諏訪向陽高等学校ではあまりみられなかった。下諏訪向陽高等学校の模擬選挙の対象学年は一年生、今回は日頃、働いている定時制四年生。それらの雰囲気の違いは恐らく模擬選挙を実施した学年の違い（年齢の違い）が大きかったのではないかと考えている。

二〇一二年第四六回衆議院議員総選挙
選挙日二〇一二年一二月一六日、赤穂高等学校全日制一年生「現代社会」四クラス。
特別「ブーム」や「風」が吹いたわけではなかったが、自民党が圧勝、民主党が敗退し、第二次安倍内閣が成立した選挙である。

①今までの振り返りにもとづく工夫……すでに述べた下諏訪向陽高等学校、赤穂高等学校（定時制）の模擬選挙を使った授業実践を振り返ってみて、次のようなことを考えた。

模擬選挙の実践は若い世代の投票率の低下という「危機的現象」を乗り越えるための、公民教育の一つの実践として、その意義は確かに大きいと感じている。

しかし、大きな課題もみえてきた。それは生徒がマニフェストを読み比べても、本当の公民教育になるのであろうか、という疑問である。マニフェストにはきれいごとが並ぶ以上、「普段の政党や政治家の言動」に注目して、そこからマニフェストを読み解く「メディアリテラシー」の観点を授業の中で扱うことが必要だと考えた。

そこで、この時は、マニフェストを眺めるだけでなく、「ＴＰＰ」という争点に注目し、そこからマニフェストの裏にあるものまで迫ろうとしてみた。さらに、模擬選挙を深めるために、事後指導をそれまで以上に充実させた。以前までは模擬選挙の結果をみて、教師・生徒共に感想程度で終えていたが、選挙に関する「プライミング効果」（注、ある一面だけを強調すると、その点だけが突出し、他の面は埋没する。政治家は自分たちに有利な争点だけが浮き上がるよう有権者の判断基準を変えてしまう）について共に考え、自分たちが投票した模擬選挙を振り返る時間を確保しようと試みた。「プライミング効果」の事例として最も顕著な選挙は、二〇〇五年九月一一日に実施された小泉首相の時の衆議院総選挙の「郵政解散」である。当時の新聞の一面の記事を印刷しコラムを学習シート化することで、選挙における巧妙な「争点化」についての学習を深めることをねらってみた。

②事前（投票日含め四時間）……衆議院選挙のしくみをまず理解させ、次に立場によって意見が全く異なる「ＴＰＰ」に絞って学習をした。また、各党が乱立して政策の違いを見いだしにくかったので、比例代表北信越ブロックを想定した模擬選挙はやらずに、小選挙区（長野五区）のみとした。

ＴＰＰ問題については、資料（新聞記事など）の読み合わせを基本に進めた。その時、マーカーを三色用意し、アンダーラインを引かせた。色の区別は生徒に任せた。「ＴＰＰの基礎的知識」「ＴＰＰの長所」「課題・問題点」にラインを生徒に引かせることで、どういう立場の人がＴＰＰに賛成しているのか、反対しているのかがよく理解できるようにしたい、というねらいがあった。

ＴＰＰの事前学習を終えると、小選挙区長野五区で立候補を表明していた五人の候補者の第一声や横顔を伝える新聞記事を読んで、候補者の主張の理解に努めた。さらに、ＴＰＰについて、各候補者がどのように考えているのかを読み取りながら、他の争点に対しての考え方も参考にした。事前学習としては「ＴＰＰ問題」だけであったが、一つの争点を詳しく学習することで、それが候補者選びのきっかけとなって、自然に他の争点にも生徒の関心が向いていったように見えた。

③事後学習（二時間）……本番の投票後の最初の授業時に、生徒会の選挙管理委員が模擬選挙の開票をした。そして、本番の選挙結果と模擬選挙の結果を比較した。選挙や民主主義の理解を深めるために信濃毎日新聞朝刊一面のコラム「斜面」（二〇一二年一二月一七日付）を使った学習活動を仕組んでみた。コラムは新聞のなかでは難しい表現が比較的少なく、生徒にとって読みやすいと考え、コラムを学習シート化し、それを使って一二月に実施した衆議院選挙の模擬選挙を振り返らせながら、民主主義や選挙について考えさせた。

④生徒の感想から

・自分が模擬投票をする時に、どの候補者がいいのか、全く判断がつきませんでした。親などに相談して新聞に書いてあることを参考にして、自分なりに決めました。その後、「プライミング効果」に触れた学習シートで勉強しました。複雑な内容を簡略化して、有権者に「賛成か、反対か」の二者択一で迫る方法に私たちはつい心を動かされてしまうのだということがわかりました。これからは、どのような項目が争点化されているのかも含めて、選挙戦を見ていきたいと思います。

・有権者はいろいろなことを知らない人が多いので、争点が単純化されると判断がつきやす

いので、その方が投票に向かう有権者は多くなるのではないかと思った。（政党の思惑は別として）

⑤考察……事後授業に力を入れた実践であったが、生徒の反響は予想以上であった。生徒の授業後の感想文を読んでみると、政治家がプライミング効果をどのように使って争点化しているのかを新聞のコラムを利用することで生徒はよく理解できたとの感触を得た。さらに、選挙への興味・関心がグッと強まったと感じた。新聞記事の中で一番読みやすいコラムを使えたことがよかったと思う。

二〇一三年第二三回参議院議員通常選挙

二〇一三年七月二一日、赤穂高等学校全日制一年生「現代社会」四クラス、三年生「政治経済」二クラス、定時制一～四年生。

第四六回衆議院議員総選挙で自民党が政権を奪還して、初めての国政選挙である。第二一回の通常選挙以降、参議院では政権与党が過半数を下回るねじれ国会が続いており、非改選議員と合わせて与党が過半数を確保できるかが最大の焦点とされていた。また、公職選挙法の改正により「インターネット選挙運動」が認められることになった。

①実施内容……授業時間の確保が難しい中、二～三時間の準備で模擬選挙にこぎつけた。前年の衆議院議員総選挙の時は、私が担当していたクラスや講座だけだったが、この時は私の他

に二人の先生が参加してくれた。

②考察……授業時間の確保が難しい中の模擬選挙であった。十分な手立てができなかったが、模擬選挙をやった体験は、大なり小なり生徒に「未来の主権者」としての自覚を持たせることができたのではないかと考えた。

二〇一五年度長野県・上伊那郡南部四市町村選挙管理委員会による出前授業

二〇一六年三月二二日、赤穂高等学校全日制一年生五クラス・二年生六クラス。

長野県では二〇一五年度、選挙管理委員会による出前授業が三十数校で実施され、私の勤務校（赤穂高等学校）も実施することになった。それまでは実際の選挙に模擬参加することで模擬選挙を実施してきたが、この時は夏の参議院議員通常選挙（選挙区選挙）を想定した模擬選挙である。選挙管理委員会による出前授業は模擬投票に重点がおかれてしまうので、ただ、投票するだけで終わらないよう、様々工夫をしてみた。

①実施内容……三人の職員が仮想候補者として立会演説をし、模擬選挙を行った。今回の模擬選挙で生徒に考えてもらいたいことを次の二点とした。

- 政治は大局的に考えることが大事である。どの政策を優先させるのか。
- 選挙には争点というものがある。各政党は自分たちが有利な問題を争点化しようとする。三人の候補者は争点をどのように扱っているのか、しっかり聞き、自分の考えをまとめること。

このことを生徒に考えてもらうために、候補者や演説するシナリオにいくつか工夫を施した。
・争点を立場によって賛成・反対に分かれやすく、どちらでもその理由を考えやすいＴＰＰ、消費税増税、原発のエネルギー政策の三つに設定した。
・三人の候補者は三つの争点の立場を重複しない形で、そして候補者は女性一人、男性二人とし、二人のうち一人は力強く反対するように演出した。

この授業の後、生徒からアンケート調査をとり、生徒が候補者の何に共感して投票したのかを分析しているところである。これを分析することで、有権者はどんな観点で選挙に臨んだらいいのかについて、より深めることができるのではないかと秘かに期待している。

二　模擬選挙の課題

今、模擬選挙の授業実践が注目を浴びている。ご存じの通り、二〇一六年度から一八歳以上の国民が選挙権を有し、同年夏には参議院議員通常選挙があり、文科省の副教材でも取り上げられているからである。そこで、私がこれまで実施してきた模擬選挙を振り返りながら、今後の主権者教育のあり方を考えてみたい。まず、模擬選挙について私が抱えている課題をあげてみた。

(1)「しっかり政治を学んだ上で選挙に行くべきで、生半可な気持ちで選挙に臨むべきではない」と考える生徒が多かった。その結果、選挙に対して逆に尻込みするような感想文が多く見受けられた。真面目に取り組んだ故の悩みであろうが、今後どう指導したらよいのだろうか。

(2)一つの政党、一人の候補者を選ぶのが難しく悩む生徒が多かった。その理由は二つあげられる。一つは各党の政策の違いがわかりにくく、さらに政策が難しくてよく理解できないから判断できないということ。二つめは政党や候補者を一つに絞るとき、必ずしも全ての面で賛成といかないことが多いので、どの政党や候補者を選んだらよいのか判断できない、ということである。

(3)「政治的中立性」を担保するには、次のような認識の上に立って活動していくことだと私は考えている。

①「専門家」である教師が多面的な考え方ができる教材や資料を提示すること。

②生徒も教師も同じ「主権者」であるという認識に立つこと。

③思想の自由、価値観の自由を保障した学習の場において、生徒自身が揺れを感じつつ、ともに「学ぶ・学習する」という姿勢（結論を押しつけるのではなく）が大事である。

(4)「文科省から出された副教材はよく『べからず集』と言われているが、逆に書かれていないことはできるということ。学校がどんな取り組みができるか主体的に考えることが重要だ。

日頃から学校生活で政治や社会課題を意識させる働き掛けが不可欠」（副教材の執筆者の東洋大学社会学部助教授・林大介氏）。

(5)　従来以上に公職選挙法を学ぶことが重要である。例えば、選挙運動期間中に、ビラやパンフレット、ポスターなどの選挙運動のために使用する文書図画を頒布・掲示することは公職選挙法上、制限されている。さらに、教室内に一八歳以上の生徒と未満の生徒が混在しているので、選挙運動期間中における選挙運動について、どのような行為が法律違反なのかを教師の側がしっかり理解し、生徒にも周知させなければいけない。

(6)　模擬選挙に至るまでの事前指導は様々な工夫が考えられるが、事後指導も充実させたい。二〇一二年の衆議院議員総選挙の模擬選挙では、小泉首相時の「郵政解散」を取り上げ、巧妙な「争点化」についての学習を深めることをねらってみた。生徒の反響は予想以上だった。

(7)　投票に行かないのは若者だけでなく親世代も同様で、年々投票率が下がっている。親を巻き込むことが必要である。関心のある生徒から広げ、親へ波及するように仕向けていったらどうか。

(8)　模擬選挙をより効果的なものにするためには平時の授業でどのような工夫が必要であるのか。それは、日常の学校生活の中で、地域や社会で起こっている出来事について考えたり、話したり、調べたりする機会を設けることではないか、と考えている。そこで、あえて模擬選挙からスタートしない方法を以下のように考えてみた。

三　模擬選挙からスタートしない方法

（１）身近な生活の中から学ぶ

①主権者教育とは「選挙に行こう」の教育ではなく、社会の動向に関心を持ち、自分なりの考えを持って行動できる、ということではないか。そうであるならば、いきなり難しい政策からではなく、まずは一番身近な自分が住んでいるまちを知ることから始めたらどうか。自分が住んでいるまちの人口や予算を知らない生徒が多い。副教材には自分のまちを調べる項目が盛り込まれており、これを利用することができる。（文科省副教材四四～四九ページ）

②政治や民主主義が、身近な生活の中にあることを実感する。自分のまちなどの身近な写真を見せて、どのように自治体や国が関わっているのかを考えたり、調べたりして政治との距離を縮める。

（２）意見の違いをまとめる話し合いやルールづくりを学ぶ。物事を決めるのは多数決だけではないことを知ることで、生徒会やクラスの活性化にもつながるのではないか。

（３）まちづくりプランなどを行政や議員に提案するなどを通して、知るだけ、学ぶだけでなく、生徒が声を届けたり、疑問をぶつけたりすることで政治と行政の関連性が実感できるという実践。ここで、大事なのは議論の場に乗ることであり、自分たちの「意見が通る」ことではない。

（４）議事録の検索、市政だより、議会だよりなどを使うことで、生徒自身で問題を発見して地域の政治の実態を知る。

（５）地方議員や首長などに授業参観をしてもらい懇談の場を設ける。注意しなければならないことは議員に好きにしゃべらせないで、バランスが取れた議論構成にすること。

（６）スポーツが好きだから国立競技場の建設問題に関心がある、といった形で生徒の興味があることと政治をつなげていくのも一つの方法だと思う。政治を真っ正面から捉えなくてもいいと思う。

＊

いくつか事例を挙げてみたが、このような授業にどれだけの時間が割けるかも大きな課題であると思う。しかし、言えることは「社会科」「地歴科」「公民科」だけでなく、教科の枠を超えた学校全体の取り組みや家庭や地域の団体とも連携して平時から少しずつ様々な機会を使って取り組んでいくことが必要だと考える。

参考資料

『未来を拓く模擬選挙』編集委員会『未来を拓く模擬選挙』悠光堂、二〇一三年。

Ｊ－ＣＥＦクロストークVol.５「執筆メンバーにきく！　主権者教育の副教材をどう活用するか？」での資料。

第5章　「有権者教育」ではなく主権者教育を
——人権としての政治参加の学習

池田考司

一　「選挙啓発出前講座」に手を挙げる

一八歳選挙権実施が決まり、それに向けて二〇一五年秋、急遽《きゅうきょ》、各都道府県選挙管理委員会が、希望する高校と連携しての「選挙啓発出前講座」を開始することになった。

それまで政党・候補者への質問状の取り組み、政治課題ディベート、模擬選挙、条例案づくりなど、様々な活動型政治教育を行ってきていた私は、選挙管理委員会の事業に乗る形での政治教育であれば、「中立性」が確実に確保され、「中立性」をかたった特定の立場からの干渉を受けることはないであろうと考え、この事業に参加しようと判断した。

どのような授業を行うかは、担当の地方選挙管理委員会と相談して企画することになっており、授業前に二回の打ち合わせを実施した。北海道選挙管理委員会の作成した要項・資料にもとづく説明を受けて協議は行われた。ここでも「中立性」の確保が最大のポイントとされており、「安保法制等、生々しい政治課題は避けるべき」だと資料に書かれていたことが後にマスコミの取材で明らかになり、北海道選挙管理委員会が謝罪会見を開き、訂正するというような事態も起こった。

選挙啓発出前講座は、基本的には模擬選挙の実施と支援を中心としており、選挙管理委員会職員による選挙の重要性、選挙制度・投票方法の講義と模擬投票が基本設定となっていた。さらにこの模擬投票については、架空の政党名を使っての実施、実際の政治争点とは異なる、一八歳選挙権の是非や一八歳からの飲酒喫煙の是非などが争点として例示され、実際の選挙を活用しての模擬投票については遠慮がちに例示してあるという状態であり、北海道内では私の勤務校以外に実際の選挙をもとに模擬選挙を行った高校は、私の実践を知った選挙管理委員会職員に勧められて取り組んだ高校一校のみであった。

リアルな模擬選挙を選ぶ

総務省が文部科学省とともに副教材を作成し、選挙啓発出前講座を全国の選挙管理委員会に実施させている建前上の目的は当然のことながら、投票率の向上による議会制民主主義の維持・発展である。そのことを考えるなら、模擬選挙についても選挙権獲得後の投票行動に結びつくような内容・方法であるべきであることは明らかであり、私は直近に行われた選挙（参議院議員選挙）を対象としての模擬選挙を計画した。

しかし、ここでも「中立性」を第一に考える教育委員会から、架空の政党名への変更が要請されてきた。さらに、模擬投票を生徒たちが政策をよく理解して行えるようにするために作成した政策比較表（新聞各紙、各政党ホームページをもとに作成したもの）を使用しないでほしい旨の要請もきた。

私としては、生徒たちが近い将来、主権者（有権者）として投票行動を行うようになることをめざし、その時、一時の気分ではなく、政策をよく検討して投票を行えるようになるために、選挙公報の補助資料として政策比較表の配布も必要だと考え、私の考える案のとおりに模擬投票を実施することにした。

当日は、テレビ局、新聞社の取材もあり、近隣高校の教師たちも参観する中、二時間（五〇分×二）を使って授業は実施された。

授業の構成＝討論から投票へ

授業の流れは次のようにした。一時間目は前半、選挙管理委員会の若手職員がパワーポイントを使って、選挙権の歴史、選挙運動について、投票の意義や方法についての説明を行った。選挙に関するクイズを用意するなど、選挙管理委員会側でも工夫をこらしながら準備をしてくれていた。それまでの政治単元学習の中での学びも生かしてほとんどの生徒が正解の回答をしていた。

それから、それまでの政治単元学習の中で、「今の政治・社会に対する意見」を生徒たちが書いたものをもとにして設定した政治課題の中から、グループでテーマを選択して、グループ討論を実施した。一時間目の終わりに、そのグループ討論の結果を各グループ代表に発表してもらった。

二時間目は、前半は再び、選挙管理委員会の職員から選挙の仕組みや一票の差で当落が変わってしまう事例が北海道でもあったこと。投票に行かなくても、選挙結果によって生まれた政治情勢に責任があることなどが話された。

それから、生徒たちは、実際の選挙公報と政策比較表を見ながら、どの政党・候補に投票するかを検討した。その時、副教材のワークシートを活用した。

そして、最後の十数分を使い、生徒たちは、受付・記載台・投票箱が用意され、選挙管理委員会職員が待っている投票会場へ移動し、模擬投票を実施した。討論を行うことと、政策比較を行うことを重視しての実施であった。

二　政治教育と権利教育の再構成

　この時の授業は、一年生の現代社会での実施であったが、現代社会でも、政治・経済でも単元の構成は、政治と人権は別単元とされ、授業が行われている。私はこの部分から再構成を行い、授業を実施した。

　長年、現代社会、政治・経済の教科書構成がどの教科書でも、政治と人権を別の単元（章）とし、教師がシラバスを作成する際にもそのようにすることが当たり前とされた結果、せっかく時間をかけて魅力的な人権学習を行っても、政治参加については自らが関わり、行使する人権としては扱われず、政治学習も単なる機構の学習にとどまるという傾向を持ってしまっていたため、高校生の政治への関心や主体的な意識を生み出しにくくしてきたと私は考えたのである。

　日本国憲法第一六条には、「何人も、損害の救済、公務員の罷免、法律、命令又は規則の制定、廃止又は改正その他の事項に関し、平穏に請願する権利を有し、何人も、かかる請願をしたためにいかなる差別待遇も受けない」と書かれている。そして、日本国憲法第二一条には、

「集会、結社及び言論、出版その他一切の表現の自由は、これを保障する」と書かれている。

　この一六条と二一条を人権単元に収めてしまわず、政治単元に移すことによって、実際に主権者として行使できる人権として、人権行使の方法として学習できるようにすることを意図したのである。ＳＥＡＬＤｓやＴ－ｎｓＳＯＷＬなど、大学生や高校生が社会の問題に対して意見表明するという民主主義国家では当たり前の若者の政治参加が見られるようになっている中、その行動も憲法の人権と結びつけて考察してもらおうと考えたのだ。

　一八歳選挙権をめぐる行政側の動きは、「主権者」ではなく、「有権者」という語句を用い、国民の政治参加の権利を投票行動に矮小《わいしょう》化してしまう危険性を持っている。私はそう考え、政治単元の選挙制度学習にとどめないような授業構成を行い、選挙啓発出前講座を実施した。

生徒たちの意見をもとにテーマを設定する

「今の政治・社会に対する意見」を、政治単元の冒頭に書いてもらい、その一部を教科通信で紹介した。それが、選挙啓発出前講座のグループ討論のテーマ設定のもとになった。

　私の授業では、生徒たちが意見を交換する場面をプリントにまとめ、それを教科通信で紹介することが多く、生徒たちは意見を書くことにもなれており、普段の生活実感に基づきながら、意見を書いてきてくれた。

　生徒たちの意見をテーマ別に分類したところ、消費税、学費・奨学金、最低賃金、安保法制、

ＴＰＰの順番で多く見られた。そこで、これらをテーマとしてグループ討論を実施することにした。

座席をもとに四人で一グループをつくり、グループ討論を行っていくことをまず生徒たちに伝えた。討論のテーマは、次のようにプリントに掲載した。

①安全保障＝安全保障法制、集団的自衛権についての法制定に賛成ＶＳ反対
②ＴＰＰ（環太平洋経済連携協定）による貿易自由化に賛成ＶＳ反対
③教育＝奨学金の有利子・貸与ＶＳ給付（支給）制・授業料無償化
④社会保障制度＝保険料支払いに応じた年金受け取りＶＳ最低限の年金の保障
⑤税制＝消費税の二〇一七年からの引き上げに賛成ＶＳ反対
⑥雇用＝非正規労働者の増加継続ＶＳ非正規労働者の正規化・保護
⑦その他

生徒たちはグループごとにテーマを選択したが、一〇グループのうち六グループが税制を、三グループが安保法制を、一グループが教育を選んだ。グループ討論後、各グループから討論のテーマと内容を発表してもらった。机間巡視をしながら、討論の状況をできるだけ把握するようにしたが、税制のグループについては、「消費税の引き上げは生活に支障をきたす」「消費税率をあげても、年金や奨学金などでは国民に返ってこないと思うので反対」などの意見と、「消費税を上げていかなければ、将来、自分たちの世代が多大の負担を背負わされてしまうこ

とになるから、現在の大人世代が負担をしてほしい」「若者の将来のためにも増税は必要」などの意見に大きく分かれていた。この問題については、その後の財政学習の中でも大きな論点として生徒たちから、たびたび出されることになった。

安全保障については、「今まで個別的自衛権で大丈夫だったのに、なんで法律を変えて、危ない外国にまで行く必要があるのかがわからない。相手から攻められた時に守る力がないと困るけど、それに対してわざわざこちらから攻めるきっかけをつくる意義がない。そういうことをしたら、結局、昔といっしょ。同じことを繰り返すことになる」という意見、「安保法制は、憲法で書いてある戦争の放棄、交戦権の否認を変えることになってしまう。今までの平和を崩すような改正をなぜ今しなければならないのか。納得できない」などの意見が次々と出されていた。個別的自衛権は重要なものであるが、集団的自衛権にわざわざ進む必要は感じないという意見が多数派で、完全戦争放棄の意見は、その次に出されてくるという感じであった。

教育については、「なんで日本だけこんなに学費が高いのか」「行きたい学校があるのに、あきらめるしかない現実が納得できない」など、自分自身の問題として意見を話し合っている様子が見られた。

一票の重み

選挙管理委員会との連携の価値を感じたのが、「一票の重み」に関しての例示などであった。

投票率向上を目標とする選挙管理委員会として、投票することの重要性が具体的に語られたことは生徒たちにも意味があったのではないかと思う。

具体的な投票方法自体は、高校生の年齢にもなれば、その場ですぐに理解できることであり、重要なのは身近なものとして選挙・投票を理解してもらうこと。たった一票で政治が大きく変わってしまう可能性があることの理解であると思う。それが今回の選挙啓発出前講座では理解できたのではないかと思う。

選挙管理委員会職員の説明の後、模擬投票を行う前に、選挙公報と政策比較表を使って、整理をしてもらった。副教材のワークシート「政党や政策を比べてみよう」に自分が関心を持つ政策に関する各党・候補の考えを記入してもらうという方法である。

選挙公報の記述は、各政党・候補によって様々であり、生徒たちが関心のある政策について記述されていないケースも見られた。その補足のために政策比較表が活用された。

生徒たちは助け合いながら、ワークシートを完成させていった。みんなが完成した段階でいよいよ模擬投票へと学習は移行していった。

町の選挙管理委員会職員が準備した受付、記載台、投票箱を使っての模擬投票。北海道選挙管理委員会職員も様子を見守り、手助けしながら投票は行われた。二時間の授業は、教室に戻って、選挙管理委員会が用意したアンケートに記入して終了した。

「今の政治に対する意見」

政治単元を終えて、あらためて「今の政治に対する意見」を生徒たちに書いてもらったところ、次のような意見が出てきた。

「今の政府は、国民主権と言いながらも、政治家だけで政治を行っていると思います。ＴＰＰの時も、大きなデモ行進が行われたにもかかわらず、可決されてしまっていたし、もっと私たちの意見を聞いてほしいと思います。

そのためには、私たち国民の意見に耳を傾けてくれる人を選挙で選ばなければと思います。こうしてほしい！　と思うことも多いので、私は積極的に選挙に参加したいです。何よりもっと国民の意見を聞いてほしいです」。

「今の政治はすごく安定していると思う。そうでなければ、経済も安定してはいない。しかし、問題は年々、日本国民の貧困率が上昇していることだ。理由は詳しくはわからないが、解決策としては、給料の増加や所得の再分配などがある」。

「現在の政治は、目先の目標に気を取られていて、その政策をした後にどうしたいのかがあまり伝わってこないように感じます。

自衛とかＴＰＰがどうとか、お金持ちの人とかは、国としては大事なんだろうけど、そうでない人も国民なんだから、意見を取り入れるべき。

輸入品を安くされて、本当に嬉しい人ばかりなのかとか、全体を見つめた政策を打ちたててほしい。

そのためにまずは不祥事をなくすことから始めていただきたい」。

「今の政治はおかしいと思う。年金（の積立）で株を買ったり、日米安保条約やＴＰＰも、決めることはいいことだと思うけれど、それは国民の声が届いているのか。

そして、大人たちの投票率が低いことにも驚いている。政治に関心がないから投票に行かない人が多いと聞くが、本当にそれでいいのか。本当に今の経済や国の仕組みに関して不満を持っているなら、投票に行って、自分の意思を反映すべきなのではと思う。

国会の中でも賛成派の意見ばっかり聞くのではなく、自分の意見だけを通そうとするのではなく、きちんと少数派や反対派の意見を聞いてほしい。そして、一部でもいいから反映してもらいたい。そうすれば、少し投票率も上がるのでは？」

学習の中で、政治・経済に関する関心を高め、学習内容や自ら調べ、感じ考えたことをもとに意見形成している高校生たちの姿がここにはある。

私は、社会科授業の柱の一つに「社会の問題を他人ごとから自分ごとに」ということを掲げてきた。このようにして、社会の問題を主体的に自分事として考えるようになった生徒たちは、当然のように身近な人たちとも政治について意見交換をするようになり、社会に対する意見表明・権利行使についても考えるようになっていく。そして、その時、選挙・投票は、権利の一つとしてとらえられ、行われていくことになる。

三　日本型「アクティブ・ラーニング」への誘導を超えて

紹介してきたように、ここに述べた実践は、選挙管理委員会の「選挙啓発出前講座」と連携したものであったが、実施にあたっては、既存の枠組みの中で投票行動を行う「有権者」の育成ではなく、自ら社会をつくっていく「主権者」の育成のための学習づくりを考えた。少子高齢社会の進行による人口構成の激変によって生じている社会変動。国内生産が縮小段階に入る中で進んでいる雇用・労働力構造の変化。グローバル化と新自由主義の進行による格差と分断の進行。国家単位の政治ができる範囲の縮小。すでに戦後社会の構造転換は始まっており、そのような状況の中で、既成の社会・国家イメージをただ子どもたちに教えていくということでは、教師としての責務を果たすことのできない時代状況が進行し始めている。そして、子どもたちもそのような認識を持ちつつあることが、学校外での様々な活動から明らかなのではないだろうか。

教師教育研究者として知られるアンディ・ハーグリーブスは、『知識社会の学校と教師』（二〇一五年、篠原岳司他監訳　金子書房）の中で、教師は、子どもたちの人生設計や世界の変革という社会的使命に資する職業として再定義される必要があると述べている。

子どもたちの生活や生活感情とつなげることを考えず、社会的な合意や蓄積・知見から学び、それを生かすことに欠けている、その場での形だけの発表や討論を行うことを推奨する傾向を持つ日本型アクティブ・ラーニングが、文部科学省主導で学校現場に急速に進入してきている今、主権者教育も模擬選挙などの単なる活動型学習にとどめないことが重要であろう。行政側から進められている「有権者教育」の現実政治との乖離《かいり》などの問題点もよく検討し、子どもたちが、要素化された分断された政治知識と投票スキルの獲得ではなく、総合的な社会的教養の獲得、主体的に社会を再構築していく思考と対話の学習へと発展させていく必要がある。

そのためには「主権者教育」という枠組みを用いた、新たな視点からの社会科教育、生徒会・学級活動、社会参加・ボランティア活動等の再構成（構造化）も行っていく必要があるだろう。そして、「地球市民」時代の社会科の教養像の創造も求められてくるだろう。

第６章　憲法改正を考える授業のつくり方
――立憲主義に立った主権者を育てるために

杉浦真理

一　政治教育とそれへの権力からのまなざし

教育基本法第一四条第一項で政治的教養は尊重されることになったが、第二項では、政治的中立性が党派教育の禁止とのかかわりで論及されてきた。また、学園紛争のさなかの一九六九年、文部省は通達を出し、非有権者であることを理由に、高校生から政治活動の自由を学校が奪えるようにしてしまった。二〇一五年文科省通知もこの流れを部分的に引き継いでいる。

このことは、教科書に載っている政治制度の学習はしても、意見の分かれている生の政治を扱うことへの忌避感を、社会科教員に与えてしまった。あいまって、受験教育が激化し、教科書以外の社会的課題をテーマにした政治的教養を高める授業はほとんど行われていない。

一方、一八歳選挙権への主権者意識涵養《かんよう》にむけて、新科目「公共」が議論されている。二〇二二年をめどに、高校公民科の必修科目に位置づけられるようである。自民党の文教族のワーキングプロジェクトでは、すでに、二〇一三年六月、規範意識や社会のマナーを前提にした新科目「公共」を、文部科学省に求めている。文科省は、二〇一四年度、二〇一五年度に立命館宇治高校「中・高校生の社会参画に係る実践力育成のための調査研究」という研究指定校を認定して、その中身づくりを現場に委嘱しているようだ。そのようにして、文科省は、さらに、道徳性の形成にまで踏み込むおそれがある。

　政治的教養、政治的リテラシーを育てるシティズンシップ教育の一側面は、社会に適応する国民の育成をイメージして実践されている。しかし、道徳の教科化にも見られるような、上からの社会化、国家のための社会化◆[1]は問題だ。それは、社会から孤立させられた若者が、自己の権利を主張しながら市民社会に参加し当事者性をもつ方向ではない。そこで、日本国憲法の個人の尊厳に立脚した、若者たちをエンパワーする政治教育、社会契約に基づく自由な個人の連帯する社会の形成者、下からのシティズンシップ教育が必要になってきている。若者たちの社会的孤立は社会への民主主義的参加によってこそ克服されなくてはならない。

　二〇一六年の春、安倍総理は、憲法改正を任期中に実現したいと言っている。しかも改憲勢力が国会の多数（国民の少数）を占めている。現代憲法の意義を明確にし、近代人権の発展史に位置づけたような、憲法の意味を問い直す学習が必要なのである。単純な「憲法改正が必要か不必要か」の議論をこえて、日本の未来を考えた憲法の意義の確認と、憲法の発展的視点を考える授業が必要になっている。それは、立憲主義を考え、その価値を守り、制定時の精神を受け継ぎ、さらに、人権を発展させる二一世紀の憲法の創造的発展が、未来の日本を読み解き、その主権者を育てると考えるからである。

二　憲法改正問題を生徒の思考を深めるアクティブな学びに

憲法改正問題の授業の前提

中学校では、歴史的分野の戦後史が一定終わった後（あるいは同時進行）で授業をしたい。高校ではなかなか難しいが、近代史を理解したあとの高学年で授業がされるとなおよい。これから報告する授業実践は、高校二年選択政治経済である。この授業は、筆者の勤務校の高校一年必修現代社会の履修後であるので、つまり、憲法制定過程の歴史を高校一年で補ったあとで、実施していると理解してほしい。多くの高校では、高校一年に必修現代社会か、必修政治経済を置いていることが多いと推察されるので、中学の近代史、戦後史の学習の到達点を再確認するか、上記の内容に留意した補充の授業が必要である。

授業でこころがける政治学習のスキルは、ディベートや紙上討論やネット掲示板の活用である。これによって生徒同士の議論を組織することもできる。それは、生徒が他者の意見に耳を傾けて、自己の意見形成に役立てる上でも有用である。「憲法九条改正の是非」「憲法を改正しての環境権の明記の必要性の有無」などを生徒が議論し、それを授業内で配るプリントや、ネット掲示板に反映させれば、生徒はそこで議論をあらためて見直すことができる。発展編として、ここで考えた内容を新聞投稿させると、より主権者としてのシティズンシップ教育となるのである。◆2

安保法制のように解釈改憲の課題もあるが、国民主権の行使、自覚という意味で、この実践では、明文改憲を扱った。次のような流れで授業を行った。

事前指導、歴史学習抜きの憲法改正議論授業はできない

（歴史内容論１）立憲主義の確立と社会権の追加……近代憲法とは何かという認識が必要である。憲法を創り人権規定を設けて、自由権については国家に権利侵害をさせない。そのために、近代憲法で国家権力にしばりを課したのである。また国民主権という政治制度を規定し、さらに権力を分けて機能させる権力分立の考えが生まれてきた背景を生徒に理解させる。

その上で、安保法制は立憲主義を侵しているのではないかという指摘を生徒に検討させる。集団的自衛権行使は、立憲主義的の見地からは、解釈改憲では無理で、筋論として改憲を必要

とするのである。

　また日本国憲法は、二〇世紀的な現代憲法へ進歩発展してきたことを認識することが重要だ。労働運動によって社会権には、国家に、生存権をはじめ最低限度の文化的な生活を保障させる内容を引き継いでいる。このように人権はより発展して精緻《せいち》化され、資本主義の矛盾に対応する福祉国家を樹立してきたのである。このような人権観、憲法観の獲得育成は憲法議論の前提であり、この理解なしに、二一世紀に新たな人権を発展させる運動の担い手を育てることはできない。また、市民が憲法を手にし、国家に対抗する砦として使える市民の憲法議論とはならない。そのためには、立憲主義を踏まえた憲法第九九条の紹介も必須となる。

（歴史内容論２）日本国憲法制定まで、また制定時の歴史的背景……憲法改正問題の議論の背景には、歴史認識が欠かせない。それは、侵略戦争の歴史である。とくに、東アジアとの関わりでの大日本帝国憲法下の歴史を知ることで、その反省から日本国憲法が生まれてきたことを理解できるのである。そうしなければ、現在の日本国憲法の価値は理解できない◆[3]。次に、制定時のＧＨＱの関わり、民間の憲法研究会の働き◆[4]を知っておくと議論の土台が豊かになる。

　さらに、憲法改正が九条改正を大きな目標としている中で、自衛隊の役割の変遷、海外派遣（派兵）の歴史を押さえないと、九条の力と、解釈改憲のねらいが明確にならない。ＰＫＯ、湾岸戦争、アフガニスタンへの報復戦争、イラク戦争の過程をみながら、誰のための海外派兵かを考えてもらえば、日米軍の一体化にむけての米国の働きかけと日本の保守層の迎合が理解できるであろう。

兵庫県立高校教諭の福田秀志氏は、「専守防衛」や「必要最小限度の実力」「武器の使用（武力行使でなく）」「集団的自衛権不行使」という、憲法九条とりわけ同条二項が歯止めになってきたことを確認してゆく教育実践を行っている。九条の制約の下で、今までの政府解釈や内閣法制局の解釈で、自衛のための自衛隊であるから海外で武力行使することはできないという制約が働いてきたことを理解させるなど、憲法の現状と力を認識することが授業実践の前提に必要なのである。

三　憲法改正問題の模擬国民投票の授業の流れ

憲法問題検討原案づくり

憲法改正問題の模擬投票をゴールに決めて、図書館などを利用して、週三単位の授業のうち、週に一回程度、条文の検討を始める（週二単位の授業では、この作業は宿題にする）。そのとき生徒に課題として出したのは、①憲法の守りたい条文は何か、②憲法を変えたい条文は何か、③新しく付け加えたいのは何か、の三点について調べて自分たちの意見をつくりなさいということである。グループをつくって調べるのは楽しいが、四〇人学級であれば、五～六人でグルーピングすることが大事である。また、今回は単に普通にグループをつくってもおもしろくないので、主義主張、考え方や社会への理想が近い生徒に、ポリティカル・コンパスを使ってグループ化し分かれてもらう[5]（もちろんいやがる生徒は無理矢理グループに入れてはいけない）。そのグループ（以下パーティーという）のなかで憲法改正問題について検討することとした。

パーティーで一人は、「国会議員」として憲法改正案についての案文発議を検討する権利があるということで選出してもらって、議員が代表してパーティーと相談しながら考えていく。その考えた内容は、「憲法問題検討原案」に基づいて（生徒がメールで送ってきたものを憲法改正問題冊子にしたものを作成）憲法の守るべき条文はどれか、変えるべき条文はどれか、付け加えるべき条文はどういうものかを、チームごとにレポートをＡ４判一枚くらいにして出させる。

憲法改正問題の理解と改正の是非を考える模擬国会

次の授業では、各グループの集団的自衛権、自民党改憲案の国防軍の考えを議論させ決定し、議員の「秘書」に発表させる。賛成派は「北朝鮮の脅威を考えることが大事」と「抑止力」を主張し、反対派は「徴兵制反対、先制攻撃を認める方向はまずい」と反論する。そして、パーティーの意見を、黒板に賛否を記載しながら発表させる。時間があれば国会議員のディベートを行ってもよい。トピックを議論することでパーティーの意思を固め、所属のメンバーの政治的リテラシーを高める。また、改憲案の有力案として、自民党の憲法改正案を資料配布する。多くの場合は、自民党案を読んでもその内容を支持する生徒は少ない。

次に、国会審議1――各国会議員は、憲法を守るべき、変えるべき、付け加えるべき点について議論する（その時の状況に応じて、九六条や九条改正に賛成か反対かでもよい）。意見表明をさせ、憲法を変えたり、付け加える時は、具体的に何をどう変えるかを議論する。改正賛成国会議員からは改正案を提示させる。国会は国会議員に議決権があり、他の生徒はそれを取り囲んで傍聴する。二〇一五年度は九六条について、立憲主義の立場から「改正のハードルを下げるのはいけない」「憲法が国民のものであるから国民自ら投票できる可能性を広げるべき」という生徒の議論が中心になった。

そして、パーティーの意見をもち帰り議論して、憲法改正案の支持不支持を決定する。場合によっては、憲法を変えるべき、付け加えるべき内容の改正案の修正をパーティー内で考える。秘書は、国会議員の近くから審議中でもサポートしてよい。「憲法改正をしやすくするために、国会の発議を過半数にしたいが、中間派にどうアピールしたらよいだろうか」「護憲派を増やすためには、戦争とは何かを議論すべきだ」という意見も出てくる。このように授業の関心度が高まった段階で、学校のホームページのネット掲示板も設置すると、放課後も生徒の討論を組織できる。最近は、ＬＩＮＥでの授業外の議論も沸き起こっているらしい。

次の授業では、国会審議2――改正派の国会議員からは改正案を提示させる。改正案が多種乱立した時は、修正統一できるかを改正賛成派のパーティーだけで議論させる（イメージは幹事長会談）。一方、護憲派は、どう改憲論を国民に理解して反対してもらうかの作戦を練る。一定改正案がまとまった段階で国会議員から国会に提案させる。

例えば第一条の変え方としては、「国民主権というのが条文に直接書いていないから天皇の条項、第一条をまず変えて国民主権に変えるべき」という意見があった。逆に第一条を守るべきというパーティーがあり、「変えることによって大日本帝国のようになってしまう可能性があるから、今のままの方がよい」など、多数意見は現行の象徴天皇制を含んだ国民主権規定の方がよいという主張であった。一パーティーだけしか改正案が出ていない条文も、一つ一つ、投票にかけるべきかどうかを、パーティー選出国会議員によって議論した。

ここで、事前学習の到達点が評価される。近代憲法の成り立ちの話をし、人権も学習しているので、その流れの中で、多くの者は、それを発展させるという立場から憲法改正を議論するようになる。事前学習の成果によって、改正することによって人権が後退するとか、国家主義が強まるというものに対しては反対するという生徒たちが比較的多くなる。

条文の新設の方は、社会全般の動き（マスコミや教科書の取り上げる「新しい人権」）とほぼ同じものが出てくる。環境権、プライバシー、知る権利などが、新設された方がよいものとして提案される。

憲法九条改正派は、「北朝鮮になめられている。九条を明文化して強い国にしないといけない」と主張し、九条改正反対派は「九条改正に反対だし、権力に自由を与える憲法改正には反対」と、国家に交戦権を認めない立場、および立憲主義の立場から批判する。

国会審議３……再度、パーティーの意見をもち帰って、改正案について賛成・反対の意見表明を議論させる。このパーティーと国会の往復を経て、六名の国会議員のうち四名が賛成すれば発議される。発議された時は、憲法改正に賛成・反対の国会討論を行ったあと、すべての出席生徒で国民投票を実施する。多くの場合は自民党案を読んでも、その内容に疑問をもつ生徒が多い。

今までの授業では、条文の改正が発議されるケースの方が少なかった。発議された例は、九六条（憲法改正手続き）が多く、「国会議員の発議は過半数に、国民の三分の二の支持の義務づけ」「国会議員の過半数に発議要件を下げる」が主であって、九条改正そのものが直接発議されたことはない。

新しい人権については、幸福追求権（憲法第一三条）によって「新しい人権」はカバーできるという議論が多数派を占めて（憲法学の定説が持ち出された）、「環境権」、「プライバシーの権利」、「知る権利」などは現行憲法で実現可能ということが、ほぼ一致した生徒の見解になった。したがって、教科書で列記されている「新しい人権」は個々のパーティーが主張しても、憲法改正条項としては国会議員の三分の二以上を確保するに至らず、改正発議されなかった。

また、第一〇条のところで、国籍の要件で、「日本国に生れついて且つ一五年以上育ったものについては日本国籍の取得を可能にする」という改正案が提案された。この点については、国籍法を改正すればできるという意見が出る一方、いや憲法の条文に盛り込むことが大事なのだと、強い生徒（国会議員）の要望があった。なぜかというと同級生の中で在日朝鮮人の生徒がいて、その生徒たちが投票できないことを生徒たちは知っていたからである。同じ教室で学ぶ生徒の投票の機会を保障しようという思いが、一〇条改正という形に結実した。

九六条の改正は、国会の改憲発議要件を、三分の二以上の賛成から過半数の賛成にしたいというものだった。なぜかと問うと生徒たちは、憲法改正の可否を国民として判断したい（主権を行使したい）と言う。「国会を憲法改正案が通るハードルは過半数に引き下げる。その代わり決定する国民は過半数では低い。国民主権の最大の行使とはいえない。国民投票では、三分の二以上の賛成を必要とするという、国民主権を強める改正案が提案された。

また、環境権、プライバシーの権利、犯罪被害者の権利など、つけ加えるべき議論に上がるが、これもこの七年間で発議されていない。九六条の改正が成立したクラスでは、さらにその新しいルールで、憲法九条の改正について国会発議するか議論する。しかし、九条改正案が模擬投票の国民投票で可能になったことはかつてない。

問題の理解と改正の是非をふりかえる

憲法改正問題について考えておかないといけないことは何か。以下は、ある生徒の授業のレポートからの抜粋である。

憲法改正について考えておかないといけないことは、今回の授業で僕が見つけた文章なのですが「憲法とは現実を修正する物差しである」とありました。今で言うと軍を持とうとしている、最悪戦争になってしまうかもしれないという現実を修正するためのものだと思いました。第二次世界大戦後、国はこうあるべきだったのではないかという考えが集められたのが憲法なのだから（Ｍくん）。

次の授業、すべての授業のまとめとして生徒にレポートを書かせて相互交流をした後で、憲法改正問題のまとめを教員が行う。

第一に、憲法改正問題の中核の憲法九条の歴史について、平和的生存権が日米安保でゆさぶられ、自衛隊と米軍のあり方をめぐる論争の過程として理解する。その流れの中に集団的自衛権の解釈改憲、国防軍化をめぐる議論があると位置づけることが大切である。

第二に、憲法改正問題は、憲法九条が焦点であるだけでなく、すべての市民が当事者であり、憲法九七条「自由獲得の努力」を担わなければならないと確認して、授業を終わるべきである。

授業の派生効果について。この授業実践は二〇一三年四月に行われたが、六月参議院模擬投票授業も実施した。憲法改正をテーマに各政党を調べた上で、憲法改正について祖父に話した生徒は、広島原爆の被害を祖父が話した結果、戦争への認識が深まり護憲派に変わっていった。[6]また、この憲法改正問題を考えたクラスでは、学園祭にむけて[7]憲法改正問題を考えるクラス演劇をつくった。このように、憲法改正の授業を一つのきっかけとして、社会の一員としての認識を高め実践する生徒たちが生まれてくるのである。

「この憲法が日本国民に保障する基本的人権は、人類の多年にわたる自由獲得の努力の成果であつて、これらの権利は、過去幾多の試錬に堪へ、現在及び将来の国民に対し、侵すことのできない永久の権利として信託されたものである」（憲法第九七条）の理解がカギとなる。単なる憲法改正問題ではなく、人類の自由獲得史の一ページとして議論されなくてはならない。そして、憲法改正問題は、シティズンシップ教育として、主権者の政治的リテラシーを育て、それを行使する政治的公共性を担う能動的な市民に育つように、展開されるべきである。

◆1　杉浦真理、二〇一四日本教育方法学会シンポジウム報告「道徳教育とシティズンシップ教育」。
◆2　杉浦真理『シティズンシップ教育のすすめ』二〇一三年、法律文化社。
◆3　古関彰一『日本国憲法の誕生』二〇〇九年、岩波書店。
◆4　映画「日本の青空」（法学館憲法研究所、製作委員会）。

◆5　ポリティカル・コンパスとは、政策の賛成反対の二方向の分類や、縦軸横軸を使った二ファクターからの四方向への分類など、政治的動向を分類し並べる方法。
◆6　朝日新聞二〇一三年一〇月三一日付、教育面。
◆7　報道ステーション（テレビ朝日）二〇一三年七月八日。

第７章　生徒どうしの討論空間をつくる
――一八歳選挙権のもとで求められる「市民性」を育てる

井ノ口貴史

一　一八歳選挙権のもとで求められる学び

一八歳選挙権のもとで求められるのはどのような学びだろうか。国家の政治を対象化する学び、国家の進める政策を批判的に検討する学びが必要である。国家の有りようを批判的に検討する「市民性」を育てる教育が必要と考える。私は、「市民性」を次のように定義し、ホームルーム（以下ＨＲ）活動と教科指導を車の両輪として教育活動をすべきだと考えている。

「市民性」とは、政治的判断力を持って社会に参加し、社会の一員として、自らを社会を形成する主体（市民）と自覚し行動する力。

（1）生活指導で育てる力……ＨＲ活動を通じて民主的で自治的な集団づくりを体験的に学ぶことで、多様な価値観をもつ構成員が合意形成と意思決定を行う実践を通して、市民社会を担う主体としての素地を培う。

（2）教科指導で育てる力……現実社会が抱える課題を歴史的文脈の中で考え、国家の政策や有りようを市民社会の視点から批判的に検討し、持続可能な社会の視点に立って自らの政治的判断を社会に向かって表明し、政治に参加する主体としての素地を養う。

一八歳選挙権のもとで教師に求められるのは、民主的で自治的なクラスづくりの方法論と持続可能な社会づくりに向けて、二一世紀の世界が抱える諸課題を教材化する構想力だと考える。以下、ＨＲ活動と教科指導について実践をもとに紹介する。

二　主権者を育てる自治活動

「クラスで決め事をするときは、学級委員長が前に出て、『どうしますか』とクラスの皆に問いかけ、クラスの中で発言力のある数人の生徒が意見を言い、その意見の中から多数決を行い、最終的に一つの意見に決めるというホームルームばかりであった」。

　一人の大学生が語った高校のHRの印象である。多くの学生が、HR担任から民主的な議論の進め方、正しい決定の仕方、HR活動を自主運営する方法を教えられた経験を持っていない。私が取り組んできたクラス経営の方法は次のようなものである。
　①一機関一機関紙の取り組み……担任が週一回発行する「学級通信」、日直の生徒が交代で毎日発行する「日直新聞」、クラス指導部（HR運営委員会）がクラス総会（LHR）や行事のあとに発行する「クラス便り」の取り組みである。特に、「日直新聞」は、生徒一人ひとりの意見表明の場であり、担任やクラス指導部、学校当局への異議申し立ての回路となる。
　②HRを自主運営するためのクラス指導部づくり……委員長、代議員、HR委員などを構成員とする「HR運営委員会」（以下HR運委）をつくり、HRの運営にあたる。LHRの前には、事前にHR運委が審議し、議事と報告事項などを整理し、予備討論を行った上で、議案書の作成、議長や書記の決定、提案者に提案理由の作成依頼を行う。担任もHR運委のメンバーに加わり、委員会の審議では、一人一票制の原則に従う。
　③合意形成と意思決定の手順を学ぶ……HR運委が仕事を覚える場として春の遠足の企画・運営を位置づける。「要求→原案→討論→決定→実施→点検→総括」の手順を踏むことで、合意形成と意思決定の仕方を学ぶことになる。具体的には、HR運委は、第一回の運営委員会で遠足の目的を決めてLHRで承認を求め、遠足の目的地、活動希望などについてアンケートを

取る。それを集約して、活動希望別に企画グループを組織させ、各グループに企画案をつくらせる。同時に、各グループは、セールスポイントをチラシにしてＰＲ合戦に入る。

遠足企画決定のためのＬＨＲ前のＨＲ運委には、各グループ代表が企画案を持って集まり、運委メンバーとともに予備討論を行う。ＬＨＲで過半数を得た企画をクラス遠足案として決定し、ＨＲ運委と各グループ代表によってクラス遠足実行委員会を組織する。遠足実行委員会は、下見を行い、現地での役割分担を定めた実施細案をつくる。遠足実施後は、決定された事柄が正しく実行されているかどうかを点検し、次への課題と成果を皆で確認する。

生徒一人ひとりが個として尊重され、自由な意見表明の場が保障されているクラスづくりが自治活動には必要だと考える。遠足や文化祭などの取り組みはアンケートで一人ひとりの希望が吸い上げられ、企画グループに全員が組織されるためクラスの決定に参加できる。自分たちの企画をクラス総会で通すためには、ＰＲチラシを持って仲間を説得し、合意形成に努力しなくてはならない。たとえ企画が通らなくても、敗れた企画グループから遠足実行委員会への参加が保障されている。また、ＨＲ運委の会議の決定事項や取り組み方針は「クラス便り」で広報される。ＨＲの取り組みに不満があれば、異議申し立ての回路も「日直新聞」という形で確保されている。このように、一人ひとりの発言が尊重され、安心して自由にものが言える集団づくりがなされないと、民主主義社会に必要な討論などできない。

三　「９・11」をめぐるアメリカや日本の政策を批判的に学ぶ

教科指導では、生徒を日本の政治的課題に出会わせ、その課題が生まれる歴史的経過について学び、現状を批判的に検討した上で意見表明し、紙上討論などの協働的な学びを通して政治的に判断する力を育てる授業が求められる。以下、「９・11」を扱った授業実践を紹介する（大阪府立高校、一年「現代社会」、二〇〇一年九月〜二〇〇二年二月）。

授業構想と概要

「なぜテロなんかするんかな？」「なぜアメリカがねらわれたの？」このような生徒の疑問に答えるために、教師主導で原因や背景を解説する授業を避けた。教師だけが知識の唯一の提供者ではない。テレビや新聞は、毎日、「９・11」に関する様々な情報を流していた。教室の中には現代の国際社会の矛盾を指摘する生徒もいる。そこで、教師は、メディアが提供する情報やインターネット上に流される一般市民の主張と生徒を出会わせることに徹することにした。また、一人ひとりの生徒に意見表明をさせ、それを印刷し読み合わせることで、同じ教室で学ぶ仲間の感じ方を自分の感じ方と比べ、自らの学びを深めていくことに主眼をおいた授業を心がけた。

一年生と三年生がテロ事件の推移とともに、新聞記事やネット上の情報を読んで意見表明をし、その意見表明文を読み合わせながらさらに意見表明をつないでいくことで、生徒間の知識量の多寡を利用して「お互いに学び合う」関係をつくり上げる手法で授業を進めた。意見表明・紙上討論が行われた時期は以下の通り。

①対米テロ直後（二〇〇一年九月一二日）の意見表明、②一週間後三年生の意見表明（九月一七日）、③米同時多発テロ事件から自衛隊派遣表明までの一年生の意見表明（九月二一日）、④報復戦争開始時の一年生の意見表明（一〇月九、一〇日）、⑤アフガニスタン空爆続く、テロ対策特別措置法案衆院通過時点での一年生の意見表明（一〇月一九日）、⑥なお続くアフガニスタン空爆についての三年生の意見表明（一〇月三一日）、⑦アフガニスタンの歴史学習（二時間扱い、一一月下旬）、⑧タリバン政権崩壊を受けて一年生が紙上討論（一二月一～四日）、⑨一九四五年以降の現代史学習―アメリカの世界戦略（四時間扱い、二〇〇二年一月）、⑩アフガニスタン支援会議を受けて三年生が一年生に反論する紙上討論（一月二一日）、⑪現代史学習と⑩を受けてアフガニスタン問題に対し一年生が意見表明（一月二九日～二月一二日）

一年生の意見表明から見えてきたもの

九月二一日に行った一年生の意見表明では、戦争を経験した国民として、戦争が起こることでどのような被害に見舞われるか容易に想像できるはずだとして、軍事的な支援に反対をする生徒がいる一方で、多くの一年生が「戦争には反対する」との気持ちと、「やむをえない戦争だから致し方ない」との気持ちの間で揺れていた。「アメリカは目の前にあることしかみていない。中東の人たちが怒っていることも受け止めてほしい」と国際政治の場で見せてきたアメリカの動きにテロを引き起こす原因があると考える一方で、「ペンタゴンまでやられたアメリカが黙っていたらメンツもつぶれる」「自分の身内が殺されたら間違いなく相手を殺したくなるものだ」として、「やむを得ない戦争」なのだろうと捉える。また、日本には「目に見える参加」の方向を選択してほしい、話し合いでの解決もむずかしいから「戦争」しかない、と言いつつ、「これ以上死んでほしくない」との素直な気持ちもあり「うまく考えられない」と、自分の立場を明確にすることの難しさを率直に表現している。

ところが、アフガニスタン空爆が続きテロ対策特措法が衆議院を通過する段階で行った意見表明では、多くの一年生が戦争に反対する意見表明を行った。アフガニスタン空爆で被害に遭う子どもたちに心を寄せ、「私は、戦争はやってほしくないです。関係のない人たちが死ぬのはイヤです。大人たちだけで勝手に事を進めているけど、小さな子どもたちはどうなるんだ」と、「対テロ戦争」を進めるアメリカを批判している。また、テロ対策特措法により自衛隊の派遣を進める小泉政権に対し、「今までの過去の戦争の歴史を振り返り、戦争の悲惨さを学ぶべきだ」「日本が、一番戦争という恐怖を知っているはずなのに、なぜ戦争ということに手助けしているのかが不思議でたまらない」と日本の歴史に照らして考え直すべきだと主張する。

一方、この戦争を暴走族の抗争のように捉え、どちらか一方の「頭を取る」までやったらいいと主張する生徒がいる。戦争をするかどうかは「小泉ブッシュが決めること」であり、「戦争とか言うてくるほうも悪いけど、かう方も悪い」と理解し、ボス（頭）の決定に服従する集団の原理を適用して捉えようとしている。

四　歴史学習と紙上討論で政治的に判断する

一年生が紙上討論をする

意見表明を続けることで、一年生の間に「対テロ戦争」や自衛隊派遣に対する主張が明確になってきた。これらの意見表明を言いっ放しに終わらせないために、それぞれの立場を代表する意見表明を三つずつ取り上げ、自分の立場と違う意見表明に反論を書くという形で紙上討論を仕組んだ。賛成派と反対派で取り上げたものは次の通り。

【賛成派の主張】（③は省略）

①戦争するとかしゃんとか、俺ら一般市民がほざいても、小泉ブッシュが決めることやから、どーでもイイ。戦争とか言うてくるほうも悪いけど、かう方も悪いと思うし。たぶんもし日本のどこかに乗っ取った飛行機がつっこんできてたら、憲法、憲法、日本は何があっても戦争しません、て言ってなくて、憲法なんてくそくらえって言って日本国民みんな、ビンラディン殺しに行ってると思う。（二〇〇一年一〇月九日）

②アフガンの方がテロ攻撃を加えたから、攻撃されるのは仕方がない。ビンラディン氏だけを捕まえたらいいけど、それをかばう人たちもいる。ラディン氏に何もしないことにすると、アメリカはまた攻撃されるかもしれない。だから、まずアフガン攻撃し、ラディン氏を捕まえるべきだ。日本は攻撃参加も仕方がない。日米安保条約がある限り、アメリカに協力するしかないはず。アメリカに協力している国はたくさんある中で、日本は協力しないって言うと、日本はまた孤立？（二〇〇一年一〇月九日）

【反対派】（⑥は省略）

④小泉首相の言葉が「すべての日本人の言葉」と思われたらイヤです。少なくとも私はこれ以上の犠牲を出してほしくない。戦争は「憎しみ」しか生まないと思う。そして「憎しみは憎しみしか生まない」。「テロで犠牲になった人のため」と言って、戦争をしてしまったら、次は「戦争の犠牲になった人のため」といって「ドロヌマ」になってしまうと思う。世界中で戦争

したら、世界中に憎しみがあふれるんだろうなあ。そんな悲しい二一世紀にしてほしくないし、してはいけないと思います。（二〇〇一年一〇月九日）

⑤この前、テレビでアフガニスタンの難民を助けようとする日本人によるボランティア集団のことをやっていました。その番組で、アフガニスタンの人々は、現地でボランティア活動を続ける日本人にたいして非常に好意を持っているといっていました。もし、ここで自衛隊を送り、弾薬などを送るとなると、アフガンの日本に対する考え方が悪化するのではないかと思いました。また、アメリカ・イギリスがこのまま攻撃を続けていれば、アメリカのテロ以上の被害がアフガンに出て、大変なことになると思う。（二〇〇一年一〇月一九日）

結果は、賛成派が二四パーセント、反対派七六パーセントとなった。賛成派を支持する生徒はアメリカが攻撃されたのだからやりかえすのは当然だと主張する。また、戦争はしたくないけど、日米安保条約があるから、自衛隊の派遣が法律で決まったから仕方がないと主張する。

反対派を支持する生徒は、空爆の犠牲になる民衆の姿を想像し、アメリカに追随するのではなく、戦争の悲惨さを経験している人間として、平和を実現するためにはたす日本の役割を提起するもの、自衛隊派遣ではない支援のあり方を提起するもの、テロが起こる原因を考えるべきだと主張するものなど、世界の平和を実現するための方策を探るべきだと主張している。

三年生が一年生の紙上討論に参加する

　卒業間近の三年生が、一年生の賛成派と反対派の意見表明を読んで、自分が同意できない意見に反論を書く授業を仕組んだ。参加した二八人の三年生は、高校三年間に学んだことをもとに自分の考え方を整理し、一年生に心のこもったメッセージを残している。

　三年生で、報復戦争賛成派・擁護派は三人（一一パーセント）、反対派が二五人（八九パーセント）であった。「やられたらやり返せ」と報復戦争に賛成する趣旨の一年生の主張に対して、アメリカの空爆を「子供じみた対応」と批判し、「人は強いから攻撃するのではなく、弱いからするのだ」として、戦争以外で解決方法をさがすべきだと主張している。報復攻撃でアメリカが勝利をしめたとしても、「自分の身内などを、その戦争で亡くした兵士の家族たちは、心から喜べるだろうか？」と問い、戦争で利益を受けるのは安全なところで支持する人間だけだと、戦争の本質を示す。また、戦争の実態がアフガニスタンの一般民衆に多くの被害を与えるものになっていることを指摘し、「アメリカの人々が殺されたからアフガンへの攻撃をする。あげくにビン・ラディンを捕まえられず、関係のない人々が死んでいった。彼らが何のためにテロをしたかは、世界のアメリカ化（全てがアメリカ化してしまう）」が原因として、アメリカが、テロの原因が自らにあると気づくべきだと主張している。

「戦争を決めるのは一般市民ではなく首脳たちであり、会議で決める必要はない」という主張に対し、三年生から、会議で決めることの重要性と自分たち一般市民が声をあげることの必要性が指摘された。そして、「今は二一世紀、何が始まるんだろうと待っているんじゃなくて、僕らが何をすればいいのだろうか」と考え、行動する時だと指摘した。

さらに一人の女生徒は、報復戦争・自衛隊派遣を批判しつつ、一人の人間として取るべき行動について提起する。彼女は、自分たちの幸福な生活が人類の歴史的な戦いの中で獲得された人権によるとし、その人権を獲得できず、大国の力の前に生存権まで脅かされるアフガニスタンの人々に心を寄せる。彼らには平和なうちに暮らす権利があるのであって、武力攻撃を仕掛けるアメリカはもちろん、「後方支援」と称してその攻撃に荷担する日本の姿勢を批判し、その上で、命を脅かされているアフガニスタンの人々を傍観するのではなく、「恵まれない人々の役に立つことをまず率先して行うべきだ」と一人の人間として行動することの大切さを主張した。

現代史を学び、アフガニスタン問題を考えて一年生が下した政治的判断

テロ事件の原因を知りたいとの学習要求を受けて、一九四五年以降の現代史の授業を設定した。特に、冷戦下アメリカが行った世界各地域での戦争や軍事介入の動き、ポスト冷戦下での地域紛争への介入の動きを扱った。

「日本の行動は矛盾している。戦争放棄という憲法があるにもかかわらず、後方支援をしている。後方支援というのはただキレイに言葉をかえているだけであって、日本もアメリカと同

じ『戦争』をしているのだ。もし金だけを送って支援しているとしても同じことだ。その金でミサイルや武器が作られて、人を殺している。日本は戦争をしているのだと思う。こんなことをするからアフガニスタン国民という弱者を生み出している。俺は絶対に戦争に反対する。言葉だけの戦争放棄ではなく、本当の戦争放棄をしてほしい」(二〇〇二年二月一二日)。

現代史を学び、三年生のメッセージを読んだ生徒の意見表明である。「アフガニスタン空爆やテロ支援国家に対する戦争と日本の自衛隊派遣を支持するか」の質問に対しては、支持九パーセント、不支持九一パーセントという政治的判断を下した。

ベトナム戦争後の約一〇年間を除き、世界各地の戦争や紛争に軍事介入するアメリカを中心にした現代史を学ぶことで、「9・11」を歴史の文脈の中で考え、日本国憲法の平和主義と自衛隊派遣との矛盾を批判的に検討し、一年生どうしの紙上討論や三年生が行った一年生の意見表明への反論を読み合う協働的な学習を通じて、政治的判断を下すための学習になったと考える。

第8章　貧困と福祉学習
――「私」の価値を育む社会科教育を

平井敦子

一　一八歳選挙権が降ってきた！

夜分遅くに失礼します。四年前の卒業生Kです。すごくいきなりなお願いなのですが、この夏休みに、先生に特別授業のようなものなど開いては頂けないかと思い連絡しました。戦後70年の節目の年、いわゆる〝戦争法案〟が世を騒がせている年、そして何より、自分たちが来年から有権者となる、そんな今のタイミングで、先生の授業をもう一度受けてみたい、そう思いまして、連絡した次第だったのですが、いかがでしょうか……？

二〇一五年の夏、こんなメールが届いた。私が勤める中学校を卒業した一八歳の教え子だ。

何を求めているのか、よくはわからないまま授業をすることになった。

当日は、大学生や浪人生や専門学校生、そしてその弟や妹の高校生も数人いて、二〇人以上の教え子が参加。何を知りたいか、出してもらって授業開始。戦争について・安保法制って・米中韓朝鮮との関係・右と左・どうして自民党に投票するの・どうやって選挙すればいいのかなど。

結果、九〇分二コマの授業になったが、その中でなぜこんなことを思いついたのかもわかってきた。怒濤の受験勉強、進路選択で精一杯の一七、一八歳を過ごしてきて、やっと大学生という年齢でゆっくりといろいろなことを考えようと思ったところ、そこに「一八歳選挙権」が降ってきて慌てた、という心境だったようだ。

授業後、一八歳の男連中としばし話をした。彼らの中には、「戦争したくなくてふるえる」デモなどに懐疑的、ネット情報は何も信じられない、なんも考えずに、ノリでやってんじゃないか、愚民に振り回されたくない、というような感覚（そうは露骨に言わないが）の声もある。そして、「じゃあ、どうするんだオレは？　評論家でいいのか？」と自分への歯がゆさもあるようだ。

- 「オレの方が、安易なネット族よりマシ、だと思うならそれを表現すれば、マシな社会になるんじゃないの」「うーん、でもなあ」
- 「嫌気がさして、選挙からも逃避しているとしたら、それはやばい社会なんじゃないの」

「まずいと思って話になったとしても、なんか仕方ない感じで、すぐ話は終わる」「そこを考えつづけるってことだな」

• 「正解じゃない答えを用心している感じがあるな」「正解を求める学校教育の弊害かね」

――などの会話から、何か今の若者が抱えている課題が見えてきたように思う。それは同時に自分自身の教育の課題でもある。本テーマである「民主主義」を教えることについて、そんな彼らのつぶやきから考えてみたい。

二　○か×か、正解か不正解かを求めていないか

彼らにも、いい社会にしたいという気持ちは熱くある。文系大学生の政治要求は「文系バカにすんな!」　工大生は「技術研究費けちんな!」　福祉心理士をめざす学生は「高齢者と子どもに手厚い政治を」と。でも、そういう自身の抱える希望や課題と、「選挙」や「世論の動き」がどうにもかみあっていないようだ。

何か、テーマが示され「正しい判断」を下すよう迫られているものが「選挙」のように思ってしまっている。だから、自分の足元でもない、当事者性の実感のわかない〝政治〟に判定を

下せるのか？　と自分を疑い、一方で安易に判定を下してプラカードを掲げている（ように見える）人々に、つっこみを入れたがっている。先の「正解を求める教育の弊害かね」というつぶやきがそんなところから出ているらしいのだ。

確かに、進学校で受験勉強に追われ、一問でも不正確な解答をしてはならぬ脅迫めいた日々、そこそこの成績で四年制大学をねらってきた自分として「間違った判断をしてはならぬ」と追い込んでいるのかもしれない。「だから、どうしていいかわからないことを回答する試験のような選挙に行かないのかも……」という言い方もしていた。

「選挙は、自分を見つめ、自分の代理人を選ぶ、ということにつきるよ」と私が言うと、何かふっと肩の力が抜けたように、「そっか……。こういう一点を学校で教えるだけでかなり変わるんじゃないか」と言ってくれた。

そう、そのことが本当に大切なんだ。二〇一五年夏の「特別授業」で、一八歳の素の声を聞いたことで、再認識した。

そういえば、彼らの世代は「国政選挙」にからめた「模擬選挙」実践を経験していない。横で話を聞いていた高校生諸氏は、二〇一四年末、まさに高校受験目前の機会に衆院選の模擬選挙を経験しているので、この兄たちの悩みを「何を今さら」というふうに聞いている。模擬選挙がなくても教えているつもりだったんだけど、反省！

三　劇場型選挙で失われつつある民主主義

一八歳選挙権の実現を受けて、にわかに「主権者教育を」「選挙の授業を」というようになってきた。「何を今さら」の感がぬぐえないが、「模擬選挙」が学校教育としての市民権を得たようで、それはありがたい。しかし、最近あちこちで実践されているそのやり方に、危機感もある。

札幌市も選管が積極的に小中高校への出前模擬選挙を行っている。選管の模擬投票を経験した学校に聞いてみた。「選挙は、政策を比較して一票を投じるのですよ」と言うが、選管が用意した架空政党の公約・主張は「若者の投票率をあげるためにどうするか」だったそうだ。

これは危ない、ということを教師が自覚して取り組めているだろうか。

主権者である彼らにとって、喫緊の、または重大な政治課題や要求とは別のところで、政策や争点が生み出されている（それも模擬の場合は意図的に、政権の意向に逆らわない形で）。争点が与えられ、つくられるものになっていることに、私は強い危機感を覚える。

二〇〇五年夏の小泉劇場型選挙、二〇〇九年夏の政権交代選挙、二〇一二年末の消費税増税

するならの民主党投げだし解散選挙（っていう名前はないですね）、マニフェスト重視といいながら、実は、「争点」や「有力候補」をメディアであおって、〝選択〟だけを問う選挙のようになった。特に、小選挙区制のもとで、この形が定着することで、先述の卒業生が言うように、それが選択肢の一つとしてではなく「正解」か「不正解」かを問うもののように見えているのではないか。

戦後社会科教育は、主権者形成をめざして進めてきたわけだが、こんな選挙を見ていると無力感にさいなまれる。私たちは、「劇場」の「お客」ではなく、「主役」を育てる教育をしているはずだ。視聴率獲得、人気獲得の一票のように、「今回は、このメニューです」と示されるものに善し悪しをつけるだけでは、「客」である。では何をすべきか。やはり「自分を見つめ、自分の代理人を選ぶ」視点づくりだろう。

日本国憲法前文冒頭の「日本国民は、正当に選挙された国会における代表者を通じて行動し……」にある代表者のことである。

四　選挙は「教師が用意したメニュー」で選ばせることではない

みんなで政策を調べたり、プレゼンしたり、討論などを通して対立する論の間で「一票」の決断に悩む経験をさせたい教師もいるだろうし、段階でいえば「それもあり」だとは思う。そこを政府や教委も心配して「教員の政治的中立」だのいうのだが、私は基本的に必要ないと考えている。学校の授業で政策やマニフェストを深めるのは「ちょっと待った」といいたいのだ。

私は、模擬選挙の実践を発表するたびにこんな質問を受ける。

「先生のようにやってみようと思ったのですが、なかなか生徒がわかりやすい資料がないんですが、先生はどうやって生徒に資料を提供するのですか？」

私はいつもこう答える。

「なぜ私が資料を用意しなければならないんですか？」と。

私は、生徒向けに政策を判断する資料を提供したことはない。もちろん学校に政党のポスターを表示したり、マニフェストを印刷することもない。「生徒をありのままの有権者の状態に置きたい」というのが私の実践の柱だからだ。

「模擬選挙」は当然、一般社会の選挙期間中なのだから、生活の中に資料がある。学校でサポートしなくても、入手できる「情報」に気づかなければ実践の意味はない。教師がやるのは「場」の提供だけである。

- 投票するよーという動機付けの機会
- そのためには〝政策〟を知らなきゃね（という意識を継続するための「調査レポート用紙」と制度）
- 「投票所」の設備一式

それだけで十分。彼らは忙しい。毎日の授業、テスト勉強、塾、部活、遊び……。でもそれは「大人」も同じ。長時間勤務で疲れ果てて毎日をすごす。正直言ってマニフェストを隅々読む「うちのお母さん」というのは、現時点ではなかなかお目にかかれない。だけど、そこから「一票」が生まれるのだ。日常生活とともに「選挙」がある中で、自分の一票をどう形成していくのかを体験する。

そんな模擬選挙実践の中で、最も意識するのが「自分の代理人探し」という柱である。

基本は政策の比較で、生徒は比較のための調査レポート用紙に、期間中、一生懸命調べて書き込んでいる。昼休みは学校でチラシや新聞を広げて、友達とわいわい情報交流しながらやっている。だが、各自意識して比較している観点はそれぞれ。

「どんな社会になってほしいの？」「自分の生活から考えていいんだよ」と、最初の課題説明の時に問い、考える時間をとっている。すると、介護施設に祖父母が入院している、お母さんがパートに出て夜が遅い、一人っ子だから親の年金が心配、高校進学の費用のことでケンカした……など、中学生の今、そこに政治課題があることに気づいてくる。

また、今まで勉強したさまざまな社会的課題に関心を寄せ、環境問題が気になる、原発はどうする、憲法が危ないらしい、と中学生なりに芽生えてきた問題意識が、この選挙と結びつくことが見えてくる。そんな動機をもって、候補者の政策に食いつきはじめるのだ。

だから、与えられた争点、世間が騒ぐ争点もあるが、彼らは自分の知りたい情報を必死に探す。「ちょっと、この候補者何も書いていないよ」「興味ないんじゃないの？」「はい、パスパス！」というおしゃべりが教室で展開される。

五　あなたは立派な有権者です

模擬とはいえ一票を投じる時は、本当に真剣に考えている。時には、投票所で一〇分以上悩んだ上で決断する生徒もいる。そうして、模擬選挙は終了するのだが、ここからは教師の出番。大人たちの選挙結果が出た翌月曜日、開票結果報告と教師としての講評を行う。「あなたたちは立派な有権者です」――この一言をしっかり伝えるために。

大人とは結果が違う（ことの方が多い）のは当たり前。同年齢同地域の有権者集団だから。でも、自分の関心事をもって、しっかり調べ、考え、一票を決断することができた、それでいいのです、と。そして、「この選挙で選ばれた人の改選選挙があったとしたら、その時は本当に有権者になっているかもしれない。公約を実現したか、信頼に足る働きか、それを見極めるため、これから見ていこう、そして裏切られたら『落とす』のも有権者です」と伝える。

マニフェストを読み、プレゼンし、論議し、深まる「一票」も世の中にはある。政治が複雑化し国際化するほど、「一票」のための教養は必要になる。でも「だから投票前に政策を理解する授業が必要だ」とは思わない。それは、普段の社会科授業でできる。というより、自分にとっての良心や、価値観や、理想を実現する意思や責任を自覚するように、日々の社会科授業は討論も、プレゼンもどんどんやればいいんだ。ところが、選挙にあわせて、政策を授業で学習しようとすれば、世間で争点になっているいくつかのテーマに絞られてしまうではないか。限りなく少数派である「私」のこだわりは別のところかもしれないのに。

「国政選挙に重ねた模擬選挙」だからこそ、教師のなすべき役割は、大前提として「君たちの中に政治があり有権者としての十分な資格がある」と実感させることだ。自分の中にある政治への関心や小さな要求を実現するために一票を行使することの大切さを自覚させたい。そのために私は、模擬選挙期間に入ると自分の口をつぐむ。授業は選挙にかかわらず淡々とカリキュラムどおり進める。そして、投票の「結果」に一切の評価や判断は加えない。

もしも、「十分に学習した一票」が必要なのだ、としたら、毎日の生活に追われ、十分に政策を理解する間もなく投票する大衆の「一票」に疑心が生まれはしないか。中学生が、今の自分自身のままで日常生活の中でできる最大限の選挙準備を行い、そのことに自分の主権者性を納得できることで、多様な学習で深まる自分の理解や、生活の基盤の変化とともに将来変わる自分の意見にも自信を持てるのだと思う。

六　民主主義を教えるために

「主権者」を育成する。社会科教育の目標は、それだけのように思っている。七〇年前に迎えた「敗戦」が、次の時代を「民主主義」へと誘った。「再び戦争の惨禍が起ることのないやうに」（憲法前文）するのは、私だ。「臣民」から「主権者」へと転換し、社会を築く責任と「幸福を追求する」権利を得た一人ひとりを、その主体にふさわしい「主権者」に育成する責務が、戦後新教科の社会科にある。中学校の社会科は義務教育なので、よりその責務は重い。けれど、指導要領の目標を読んでも「主権者」という言葉はない。「公民」だ。政治的意図があるからだろうが、私は読み替える。「主権者」だ、と。

「一八歳選挙権」が話題になる時、まだ早いんじゃないか、という意見もあった。だからこそ、慌てたように「高校生までに政治教育を」と言うのだろう。私が講師をしている大学でも、学生に聞くと「早い」と言う者がいる。愕然《がくぜん》とした。「何故、どうして?」と聞くと、高校生まで社会のことを考えていないとか、勉強が足りない、などと答える。

「じゃあ、いつまで勉強すれば投票できるの? 国立大学に堂々たる成績で入学しているあなたたちに選挙権が早い、自信がないというなら、中卒の人はもっと資格がないの?」「選挙権獲得の歴史を勉強してきたよね?」とたたみかけると、やっと「あっ」と気づくのだ。

これは、学生の責任ではない。学校教育の責任だろう。人は生まれながらに「主権者」である。子どもの権利条約で認定されたからでも何でもない。日本国憲法には「何人《なんぴと》も」権利があることが示されてきた。中学生でも誰でも、政治的要求があり、声をあげる権利はあるということを体験的に学習し、自信と自覚を持つ育ち方を教育で保障すべきだろう。

そして、「一票」の条件に「十分な学習」を前提にしないことだ。選挙権の拡大の歴史が教えるのは、有権者の認定は排除の論理と表裏一体だったこと。女性、労働者、小作人、障がい者、売れない芸術家……誰でも「権利」があるのだ、と闘って今がある。決して学歴や、成績の善し悪しが有権者資格にはなるわけではない。

七　「自分ごと」として考え「自分は」を追求する思考を

「私」の価値を育むこと。それが民主主義を生かすことではないか。それは利己的な意味とは違う。人類が長い歴史の中で生み出してきた「人権」や「民主主義」という智恵を、私の生き方に包括する「人格」を形成するということだ。

私は、中学校社会科教育を通してその責任の一端を担っている。地理は、現代社会を見渡す力を、歴史は、ここに至るまでの人間の歩みと教訓を、公民は、実社会にあって行動する（それは明日につながる行動である）規範と教養を身につけるもの。彼らにとって、自分にとっての意味がある授業であってほしい。一時間一時間に沿ってみれば、小さな塵《ちり》のように埋もれているように見えるが、こだわりをもって、教材の価値を見いだし日々授業にこぎつけている。

では、この現実の社会にあってどのような授業を追求すればいいのだろうか。

二〇〇六年の秋、その時間は、教室を静寂が支配していた。それは先輩からの手紙を読んでいる時間だった。ワーキング・プアという言葉が世に出始めた頃、中学三年生は受験を間近にしながら経済学習で「労働者の権利」を学んでいた。憲法、法律は労働者を保護している……

と、教科書には書いてある。受験のためには、条文を覚え、権利を覚え、労働組合というものがあってと理解できれば、試験の得点にはなる。しかし、それは現実とはかけ離れた「知識」であり、自分につながるものだとは実感できない。そんなまだ一五歳の彼らが読んでいる「手紙」には、まさに今、自分が進路先と定めた地域の高校に進学し、そうして社会に出た先輩の「証言」が書かれている。

「労働基準法なんてうちの職場にはないんだ、と社長が言います」「二〇代のうちに家を建てようと、旦那と相談しています。いつ過労死するかわからないから……」「政府系の職場ですが、残業時間は記録できません」「仕事のやりがいなんか感じない、俺らの替わりはなんぼでもいるんだ」……私がかつて教え、がんばれよと中学校から送り出し、二〇代になった教え子たちは、読むのもつらくなるような「現実」の中で、必死で生きていた。その手紙を、目の前の中学生が読んだ。

手紙を読み終わり、テレビや新聞のニュースの話題が、今自分が歩いている道の先に現実にあるのだと実感したとき、「どうして」「おかしい」「何が起こっているの」と、情動としてわき上がる「課題」を中学生はつかんでいた。そして、その疑問に答えることができるだろう「大人」への手紙を書くことにした。首相、厚生労働大臣、与党、野党、労組、弁護士へ、中学生なりに精一杯「大人」に伝わる言葉を紡ぎ出し書くことは、憲法や法律、人権など、自分の中に芽生えた価値観や教養に気づき再確認する作業でもあった。

しばらくたって、届く返事。大人たちが誠実に対応してくれた、そのこともまた、彼らを社会に生きていると実感させるものだった。返信から学んだことは、多岐にわたる。国際経済、多国籍企業、外国人労働者、厳しい日本経済の置かれた状況もあるらしい。しかし、野党や弁護士や組合は、「政治」の問題だと明確に指摘していた。

先輩の手紙と大人たちからの返事は、同時に彼らの家族にも読んでもらい、家で会話をし、また家族からのメッセージも教室で共有した。「資本主義だからしかたない」というお父さん、でも「大人がだらしない、声をあげられない」「私の職場の若者も酷い条件で働いている」と多くの不安や不満の声が、父や母から聞かされた。自分が包まれている「家族」もこの社会の中で、課題を抱えながら生活していることにも気づいた。

そして、雪が積もり始めた頃、もう一度「手紙」を書いた。それは、先の返信にあった「政治」そのものへの問いだ。ワーキング・プアや労働条件の崩壊をすすめた一九九九年「改正労働者派遣法」。北海道選出国会議員でこの法案に賛成し、成立させた議員たちに「どうして賛成したんですか？　私たちにはわからない、その理由を教えてほしい」と。

＊

政治は「選択」の連続だ。政治家はみな自分が「正解」だと、責任をもって賛否を決している。結果、それは有権者が何を求めたかに応えるものとなるのだろう。それが国民が「正当に選挙された国会における代表者を通じて行動」する議会制民主主義だ。

しかしそれを意味のあるものにするには、主権者である自分自身が、どんな社会でどう生きているのか、自分の求める幸福はどんな価値観や理念に裏打ちされているのか、深く思慮することが必要だ。そのためには「学ぶ」ということが、常に自らの生活に根ざし、他者とのつながりを実感する中で、意味のある課題を追求している「学び」であることが必要なのだと思う。

そうして投じる一票は、もう誰かから示された「争点＝問い」に正解を下すようなものでは決してなくなっているのではないだろうか。

最後に、本章の「貧困と福祉学習」というタイトルにはいささかふさわしくない内容になったことをお詫びする。しかし、自分がこの社会でどう生きているのか、生きていこうとしているのか、その現実と政治をつなぐ自覚を持つ主権者を育てることが、「幸福追求権」のもとで豊かな社会を創造する力になるのではないか。「貧困」や「福祉」の当事者は、どこかの誰かではなく、この社会で生きる一人ひとりにある。そういう洞察、自己認識を育て、「私」ごとになった時、本当に民主主義の力が発揮できるにちがいない。

※本章は『教育』二〇一六年五月号の「『私』の価値を育む――民主主義を生かす授業」に加筆したものである。

第9章　僕の〝政治の授業〟はどうだったろうか？
──選択講座『政治・経済演習』を受講した卒業生との対話

菅間正道

「憲法や政治の授業と絡めて政治的中立性について論じよ」──。これが本稿で私に課された課題である。なるほど、一八歳への選挙権年齢引き下げなどを受け、今日一層重要性を増すテーマである。しかし、行政圧力などをめぐるマクロな動向については他の論稿に任せ、私はこれを機会に、私の行った授業──二〇一三年度、高三対象選択講座「政治・経済演習」（受講生二三名）──を受講した卒業生に、私の授業について「中立性・複数性」などをめぐるミクロな〝授業の政治〟について聞き取り、語り合うことにした。

自分の授業を組上《そじよう》に載せ、生徒側から教材・進め方などについて批評してもらおうという目論見である。聞き取りの対象としたのは、担任クラスの生徒ではなく、かつ卒業して一年以上経ったという「適度な距離」があり、社会科学方面に進学した、白石鹿乃子（日本大学法学部政治経済学科二年）、亀井美織（明治学院大学社会学部社会学科二年）の両名である。聞き取りは、二〇一五年五月一六日に行った。収録は優に二時間を超えたが、その一部を以下に抄記する。

一　印象に残った「辺野古基地建設」問題

菅間　今日、二人に聴いたり、語り合ったりしたいのは、授業の進め方、生徒の意見の取り上げ方／交わらせ方、それらを通じた「授業における中立性・多様性」とは何か、それはどうやったら実現できるのか、という問題についてだ。まず、授業で印象に残っている論点や議論について、具体的に題材を取り上げながら、考えてみたいと思う。授業では、いろいろ取り上げてきた。プロローグ、一番はじめに取り上げたテーマは、中学校三年生が「殺人犯」として冤罪《えんざい》に巻き込まれた事件から憲法とは何か、立憲主義とは何か、ということを考えるものだった。[◆1] 覚えているかな。どうだろう、二人はどんなものが印象に残っているだろうか？

白石　今日は、その授業のノートを持ってきたんだけど、あらためて見返してみると、自分の関心が強いのもあるけど、やっぱり「沖縄の辺野古の基地問題」や平和主義の問題が印象に残っている。たしか、沖縄の基地問題について、新聞の投書を読んで、[◆2] 米軍基地を置くことに賛成か、反対か、賛成の人は、自分の住んでいる隣に基地を置くことに賛成か、ということを議論したのがとても記憶に残っている。

亀井　私もそう。すごい印象に残っている。

菅間　内容を簡単におさらいしてみるね。憲法九条を学習する文脈で、普天間基地移設のきっかけや経緯を押さえたうえで、辺野古の新基地建設をどう考えるか、ということを問いかけた。その際、ある投書にあった論点で議論し、一人ひとりに意見を書いてもらい、僕のほうでそれをペーパーにまとめ、さらにそれをもとにグループディスカッションをしてもらった。代表的な意見はこんな感じだった。

移設／新基地建設容認は、「日本は、憲法九条を掲げている以上、だれかに守ってもらわなければならない。理想は、基地も軍事力もないほうがいいが、軍事力をもつ国が周りにある以上、防衛のための軍事力は必要だ。だから、米軍基地反対！　という意見は現実的ではない。自分の隣に基地が来ることについてだが、家の近くに横田基地があるが、飛行機が墜落しないなら、なんとか耐えられる」というものだった。

一方、反対派は、「米軍基地が存在するメリットが見つからない。米軍基地賛成派は、外国からの攻撃に際し米軍が守ってくれるというが、それは違う。それは、後づけの理由であって、米軍が日本にいる理由は、世界中の戦争に米国が参加するとき、日本が出撃基地として有利だからというものだと思う。普天間基地は移設ではなく、撤去してはじめて問題が解決されると思う」というものだった。ちなみに、この意見は、美織の意見だった。

亀井　そうだったっけ。あぁ、たしかそんなようなことを書いた記憶がある。

菅間　このテーマの出口は、オープンエンドというかたちで、特にこれが「正解」という結論を出したわけではなかった。ただ、受講生のみんなは、僕がおそらく「新基地建設反対」で、あまり米軍や自衛隊に賛成してないだろうというのは、薄々気づいているよね。それまでの必修授業で一緒だった人たちもいたし、普段の授業などから醸し出す「雰囲気」なんかもあるから。「平和」の問題について、菅間はそれなりにこだわりや意見を持っているだろう、ということはわかっていただろうね。

白石・亀井　うん（笑）。たぶん、みんなよくわかっていたと思う。

菅間　その上で、論点について議論しよう！　って言われているわけでしょ。授業の運びの話になるけど、僕は、問題提起をして、議論を組織して……つまり発題と司会という役割を担っているんだけど、教師のある種の方向性は了解しつつ、そこで「自由に、安心して意見を言えた」だろうか？

白石　菅間さんは、そこは「保障」できていたと思う。名司会者だと思うよ（笑）。

亀井　私もそう思う。基地問題で言えば、私は移設／新基地建設反対派だったけど、賛成派の意見もたくさん聞けた。議論って自分の見方と違うものが返ってくることによって、自己や他者の矛盾を見つけながら深めていくもの。授業者の意図は、それはそれとしてわかるけど、事実の提示によって考えさせられる場になっていたと思う。

二　少数派や反論を丁寧に扱えたか

菅間　議論の進め方についての工夫の話になるけど、僕は、みんなに問いかけて、多数派、少数派、N・A（ノーアンサー）派に分かれてもらうスタイルをとったでしょ。で、いつも「少数派の人から意見を聞いていこう」って音声にして愚直にやってた。あと、少数派が、議論で劣勢になっているときは、明らかにそちらに肩入れしていた。気づいてた？

白石・亀井　めちゃくちゃ気づいているよ（笑）。露骨な時もあったよ。

亀井　時には多数派が菅間さんにやり込められるっていうこともあった。だから、これ菅間さん、わざと言っているんだろうなって思いながら、すごい揺さぶられた。何回か立ち往生した。よく覚えているのが、学校現場における日の丸・君が代問題をやったときのこと。◆3 ある音楽専科の小学校の先生が、卒業式の時に君が代を演奏してくれと言われて、自身の宗教的理由や君が代の果たした歴史的役割から伴奏を拒否した。そのことをめぐる裁判において、原告の先生と被告の教育委員会のどちらの主張を支持するか、というのが論点だった。議論の中で、

Kが、「強制は違憲だ」みたいなことを言ったら、菅間さんが反対のレベルの具体的な行為をいくつか出して、これはOKか、これもOKか、と畳みかけて「公序良俗」云々っていろいろ難しい言葉とか事実を出して、彼女を論破した。あのときKは泣きそうだったもん（笑）。

菅間　まぁ、Kとの信頼感や日常の関係性もある。Kは、わりと反射的にポーンと意見をいうところがあるからね。そういう場合は、たまにだけれど、いくつかの事実を列挙して結構ガツンと言ったりすることもあったね（笑）。いちいち授業の中では言わなかったけれど、とにかく大事にしたかったのは、授業者と生徒の意見は違っても、お互いの意見は尊重する、そういう民主主義空間、感覚はつくりたいと思っていたんだけれども。

亀井「私は、君の意見に反対だ。しかし、君がそれを言う権利を私は命に代えて守る」というボルテールの言葉も授業で紹介していたよね。

白石　菅間さんがそもそも持っているだろう意見と反対の意見を持っている人、Jとかも自由に意見を言えていたと思うよ。逆に、菅間さんが担当でなかったときの、ある必修の社会の授業で、Jが言った意見について、私のクラスは不寛容だった。みんなが、暗黙の了解でその意見を流す感じで……それがすごい嫌だった。自由の森学園そのものに、私はそういうのを感じたことが結構あった。「リベラル派」であることが当たり前、というような。その授業では教員は軽く触れたけど、進んで取り上げる、という感じではなかった。菅間さんだったら、取り上げて、噛み砕いて言い直して、「みんなはどう？」って戻してくれた。それはすごい大事なことだと思う。

三 「安心の意見表明」と社会認識の深化

菅間　仮に、僕が両論の意見を言える雰囲気を大事にできていたとして、その先をもう少し考えたい。よく、自森で言う「いろんな意見が聞けてよかった」というのがある。でも、これはある種の「何でもアリ」「相対主義」に陥る可能性がある。

互いの意見を大切にする、いろんな意見が聞ける、これを第一段階とすると、次の第二段階、社会や政治についての認識を深めることはできていただろうか、またそれをするためにはどうしたらいいか、という論点。さっき、具体的な授業の例で挙がっていた辺野古の新基地建設問題で言えば、基地賛成派はおよそ「中国、北朝鮮などの国が日本を攻め込む可能性、国際環境が激変した」「丸腰なのは不安だ」という意見を言う。で、それに対して、基地反対派は、反論を試みるも、やはり「平和が大事」的な情緒的・感性的な意見が多い。よって深まらない。

僕はそのときに、賛成派に対して、もう少し別の観点からの政治・軍事・経済の諸情報を出すことによって、深く考えてほしいとも思っている。多分「在日米軍のほとんどは海兵隊である」とか、そのあたりまでは授業で言ったと思うけど、「中国が米国の国債を一番持っている」「北朝鮮は、経済的に明らかに戦争など行えない」とか、「あれだけ日本海側に原発が集中していること」「世界の非武装の二七か国は攻められたことがあるのか」とか、「つくられた、煽《あお》られた危機ではないか」と言いたい自分がいないではない。ファクトのレベルでもうちょっと出した方がいいのかな、という逡巡《しゅんじゅん》や葛藤《かっとう》がある。でも、こういう意見は、僕は言わない方がいい？

白石　うん。言わない方がいい。今、私はそれを大学の授業で痛感している。この先生に何を言っても無駄だ、と。叩きのめされる感じがする。私は、菅間さんのそこまで言わないスタンスが好きだった（笑）。私は、議論を通じて、社会や政治に関する興味の芽が出ればいいと思う。そこから探究を深めるのは次のステップのような気がする。だから、あくまで、議論で、いろんな意見に触れながら、自問自答していくきっかけでいいんだと思う。そこから先は、自分で情報を得ていくべきだよ。中学・高校は学ぶ楽しさを耕す時期。第一段階をこそ大事にすべきだと思う。

亀井　私は迷うところだな。もっと知識レベルで知りたいという気持ちはある。私は、自分でも、自分の議論の浅さや、主に感性で語っていることを自覚していたから。Tみたいに、自衛隊入隊希望を公言して、「自衛隊を軍隊にせよ」「現実を知らないだろ！」みたいな人が繰り出す細かい軍事知識みたいのには、それにどう応えればいいのかって思っていた。

菅間　そうだったね。でも、今考えると、そういうTみたいな生徒が、よく僕の授業を取ったと思うよ。高二の世界史で、およそ僕の「思想」や「志向性」は分かっていただろうにね。Tは、その後自衛隊に入隊したんじゃないかな。

亀井　Tは、なんだかんだで結構楽しそうだったよ。私は、そういうちょっと込み入った「安全保障・軍事問題」の議論の時なんか、自分自身と、言い返せない菅間さんの両方に対してよくイライラしていた（笑）。一方で大学のゼミとかでは、ちょっと私が意見を言うと、全然大したこと言ってないのに、「すごいね」とか「まじめだね」とか言われて終わることがあって、それに比べたら、菅間さんに突っこまれた方がはるかに面白かった。その方が燃えた（笑）。

菅間　教師に事実というパンチを繰り出され、少々ヘコまされる。でも、何クソって、知的なパンチ力をつけて教師にリベンジするぜ！　っていうふうにはなるかな？

白石　ならないよ。意外と、高校生が教師にガツンと言われる傷って、なかなか癒《い》えないよ。立ち直れないし、もうイイよってなるよ。

菅間　だけど、討論はケンカではない、意見＝人格ではないって言ってたつもりだけどな。

白石　でも、残念ながら、人格否定に直結しちゃう。それを、私たち若者の弱さだ、と言われたらそれは仕方ないけど。だから、私、友達同士でもそんなに言わなかったもん、突っ込んだ「政治問題」についてでは。特に、自森生なんてピュアな子も多いから。

四　自分の意見を持つこと、自分を問うこと

亀井　私この間、ＮＰＴ（核不拡散条約）再検討会議参加のために、ＮＹ（ニューヨーク）に行ったの。それで、ＮＹの市民に「核兵器は必要か、否か」という街頭インタビューやシールアンケートをしたんだけど、聞く人聞く人、みんな「ＹＥＳ、ＮＯ」の意思表示をハッキリする。理由も併せて断定的に言う。その淀みない話し方と、根拠の多様性にびっくりした。それはすごいと思った。

これが日本だったら、まずシールを貼る時点ですごい悩む。理由を聞いても何か「第三者的な意見」や「……のような考えもあるそうですけど」みたいな婉曲《えんきょく》表現で、あなたはどうなの？　って思うことが多い。

私は、菅間さんにそれこそ「美織はどうなの？」」って絶えず問われていた気がする。どこまでが問い返しで、どこからが潰す意見（笑）かは言えないけど、教師の問いかけは大事だと思う。「政治・経済」は選択授業で、興味・関心のある子が集まってくるから、教師は少し角度をつけて言ってもいいのかなと思う。

白石　なるほど、必修と選択の違いはあるよね。少し納得。

亀井　あと、いろいろ揺さぶりつつも、菅間さん自身は、重要な問いや論点についてどう考えているのかって、聞きたいときはあった。もし、そう聞かれたらどう答えるの？

菅間　あんまり聞かれることはないし、基本的にあまり自分の意見は言わないな。もっとも、提示する事実や題材が、ある「立場」を物語っているとは思うけど。

あるクラスで、「憲法九条の『改正』問題」を扱った時がある。確か高校一年生の授業だったと思う。ある生徒が、「……で、菅間さんは、九条改正問題や、賛成派・反対派の意見についてどう考えているの？　聞きたい！」と発言した。もう、授業終わり近くだったかな。

僕は周りのみんなに聞いた。「今の問いかけは、すごく真剣になされている。真剣に聞かれたことは真剣に応えたいと思う。僕の意見を言ってもいいかな」と聞いてみた。ある生徒は、「今、菅間さんが意見を言ったら、生徒たち全員がそれになびく、なんてことはないよ。だから、言ってもいいんじゃない？」と言った。他のみんなも僕の意見を聞きたい、という感じだったので、僕は答えた。「僕は九条を変えて、自衛軍を持つ、という意見には反対です。なぜかと言うと……」と。ただ、こういう場面は滅多にないけどね。むろん、あまり教師が、禁欲的になりすぎるのもどうかと思うけど。

鹿乃子が、教師は権力的存在で、大人なんだから、配慮して抑制的に言った方がいいって言ったのは実はちょっと意外だった。教師も生徒も、もっと、言いたいことを言って／言われてが〝ウエルカム〟だ、と思ってた。僕は、大学のゼミで何が面白かったって、自分の意見が論破されたり、批判されて納得したときだった。回数は多くなかったけど、チクショウ！　もっと勉強してやるぜって、学習動機になった。反論って、はじめて大学で経験した。だから、できれば、僕を言い負かすような生徒になってほしいって思っている。

白石　サッカーで言う、オーバーラップするポジションの生徒だね。菅間さんと同じじゃなくて、菅間さんを追い越す人をつくりたい、と。でも、そんなポテンシャルや根性のある人なんているのかな？　いても少数派だよ。大学でそれを痛感している。みんな、教授のいうことを鵜呑みにしているもん。もっとも、自森でもそれは言える。高三社会のレポート発表の授業のときMの報告で、「それはどうかな？」と思う事実があったけど、素直に、「そうなんだ」とか言っている人がいた。ちょっと安易じゃない？　って思った。

だから、くり返すけど、中・高時代で大事なのは、まずは自分の意見を持つことや学ぶことは楽しいって思うこと。言った意見を打ち負かされる必要はない。そもそも、議論って全員がそれについていけているわけじゃない。意見を言う人と、そうでない人の格差が明らかにある。それに輪をかけて細かい議論に入っていったら、そもそも輪に入れない人の「置いてきぼり」感ってハンパないと思う。

菅間　わかるよ。議論型授業の光と影、落とし穴の話だ。僕なりに留意しているけど。

白石　実は大学のある講義で、私は、その教授の学説と真逆の説を書いたんだけど、それで

「不可」になった。びっくりした。ああ、そういうもんなのかって。

菅間　それは酷いね。ある専門性をバックにしての評価や評価権の問題だけど、大事なのは、その自分の受けた評価について、異議申し立てができるかどうかにあると思う。

白石　私から見て、多くの大学生が重きを置いているのは、「自分の意見」よりも「正解」。そこにこそ重点がある。「思考停止」状況をつくりだすことにおいて大学と学生は共犯関係にあるよ。事態はかなり深刻。

菅間　そこにほんの少しでも風穴をあけるにはどうすればいいんだろう？

亀井　やはり、自分と対話する時間はすごく大事だと思う。あらゆる学ぶ段階で、そういうゆたかな時間がもっとあるといい。その点で、自森の自己評価表作成はたえず、自分への問いかけの場と時間だった。あれはとても貴重だった。

菅間　まだまだ話は尽きないし、いろいろ論点も広がるね。でも、今日はとりあえず、ここまでにしておこう。二人とも今日はどうもありがとう。

＊

二〇一五年の「安保法制」をめぐるたたかいでは、若者たちが、社会や世界を「自分ごと」として、自分の言葉で声を上げる場面が耳目を引いた。「自分は、人が殺し・殺される世界をつくりたくない」という切実な願いや思いが通奏低音としてあったと思う。

私は、政治や公共性を「自前の社会づくり」だととらえてきた。家庭、教室、学校、地域、職場……足元から、みんなに関わる問題が議論され、時には決定され、実践され、また議論され、という永続的な営みである。その一つに、授業の場があること／あるべきなのは間違いない。だとすれば、一八歳選挙権を「選挙権行使」問題のみに閉じこめてはならない。他者とともに社会をどうつくるのか／ともにどう生きていくのかという、「生き方としての民主主義」を私たちがいかに育んでいけるのか――。それこそが、今回の一八歳選挙権の実施で問われる、文化的・社会的「大問題」なのだと思う。

※本章は『教育』二〇一五年九月号の「僕の〝政治の授業〟はどうだったろうか」に加筆修正を加えたものである。

◆1　詳しくは、拙著『はじめて学ぶ憲法教室　第1巻　憲法はだれに向けて書かれているの?』(二〇一四年、新日本出版社)

◆2　「普天間で国民意向調査を」(朝日新聞二〇一〇年四月二九日付)と題した投書は概要、次のような内容である。「普天間基地の移設問題は、局地戦であり、国内の基地の在り方に関する大局を決めることが重要である。よって、

質問1　日本に米軍基地を置くことに賛成ですか

質問２　Ａと答えた人で、あなたの住む都道府県にそれを置くことには？

Ａ　賛成です　　Ｂ　反対です

Ｃ　賛成です　　Ｄ　反対です

もし、Ｂが多ければ、現行の安保条約を終了する方向でかじ切りをするべきだし、Ａが多ければ、Ｃの回答が多かった都道府県知事と基地移転交渉をせよ。この問題は、国民一人ひとりが考えるべきものだ」というものである。この投書を切り口にして、憲法九条と沖縄の新基地建設問題を授業で扱った。詳しくは、拙著『はじめて学ぶ日本国憲法　第４巻　沖縄と９条』（二〇一五年、新日本出版社）

◆３「自由権」を扱う文脈で、日の丸・君が代の教育現場への強制問題や、ビラ配り逮捕事件などを取り上げた。詳しくは、拙著『はじめて学ぶ憲法教室　第２巻　人の心に国は立ち入れない』（二〇一四年、新日本出版社）

第3部　教育実践をいかに進めるか

第10章　「教育の中立性」批判と真理探究の実践の正統化
――「真理の代理人」としての教師論を手がかりにして

福島賢二

本章では、「教育の中立性」という国家による言説を批判的に考察することを通じて、「中立性」が意味することの内実と「中立性」に拘束されない真理探究の実践を正統化する理論を模索することを目的とする。その際、「真理の代理人」としての教師論を手がかりにしていく。

一　「中立性」なるものが意味するもの

国立大学に対する国旗掲揚・国歌斉唱の要請にあらわれているように、安倍教育改革では首相自らの拠って立つ思想を、公教育を通じて正統化しようとしている。学問の自由が憲法で保障されてきた大学においてでさえ、こうした統制が行われていることをみると、小中高校の現場では事実を伝えることすら萎縮《いしゅく》する状態があることが想像できる。

萎縮状態に拍車をかけているのが教科書の記述である。教科書検定基準の見直しにいたる教科用図書検定調査審議会の議論をみれば、そこでは「公正・中立でバランスのとれた」記述をするという文言がある。では「中立でバランスのとれた」記述とは何か。新しい検定基準で行われた検定結果の一部は次のようなものであった。「朝鮮・台湾の若い女性たちのなかには、『慰安婦』として戦地に送り込まれた人たちがいた。女性たちは、日本軍とともに移動させられて、自分の意思で行動ができなかった」という学び舎の中学校歴史教科書の記述には、「政府の統一的な見解に基づいた記述がなされていない」という検定意見がついた。そしてその記述は削除され、「現在、日本政府は『慰安婦』問題について『軍や官憲によるいわゆる強制連行を直接示す資料は発見されていない』との見解を表明している」という文言が追加された。◆[1]

これをみると検定が、研究の進展による学術的成果を踏まえて意見を付しているのではなく、「政府の統一的な見解」にだけ留意し意見を付していることがわかる。この結果から、日本国にとって責めを負うべき行為を歴史的な事実として記述することを〝中立ではない〟としたい安倍政権の意図が透けて見える。

もっとも政府・内閣及び国の行政機関を総称して「国家」といった場合、その内実をみれば、国家とは政府であり、「政府というものは、政党の基盤にたつもの」◆[2]であって、特定の政治的立場や特定の価値に立脚しているという意味で中立的機関とは程遠いものである。その機関が、自ら〝中立ではない〟というわけだから、その中立という言葉自体を吟味する必要がある。

すでに先行研究において、国家による中立性とは、「支配的インタレストに対立するような内容を、無害にするという仕方で、『中正』の観念を成立させる。これが政府による教育の中立性とよばれる『中正』維持のための統制の実態である[3]」と説明されているが、先にみた検定結果の内容をみれば、この説明が未だ有効であることが明らかになったといえる。こうして中立性を国家が語るとき、その意味することは、政府・内閣の思想と調和しているものを指し、当該思想と相容れないものは中立ではないと認定できる論理といえるのだ。

教育を受ける権利と近代公教育の理念

ところで、国家がこのように中立を裁定する地位を得ることになったのはなぜか。ここには「教育を受ける権利」（憲法第二六条）の誤った理解と近代公教育の理念が裏切られたこととが関係している。

堀尾輝久によれば、教育が国民の権利になったことにより、「国家（社会）は、国民の権利実現の義務を負うもの」になったが、憲法学者を含めた国民の一般的理解は「国家が教育に関し配慮すべきもの」として教育を受ける権利をとらえていたとする。国民のこの理解は「教育を、国家の配慮すべき事柄として、国家の側からのみ規定」するため、「就学強制は国家の権利であり、就学は国民の義務だという思想に、容易にすりかえられうる」という危険があった。それが現実になったのである。教育を受ける権利の意義は、「教育機会が国民のすべてに解放されたことを意味するのみでなく、教育の内容や方法についても……その窮極の決定者が、教育の権利主体としての国民にあるということを含んだ」点にあった[4]。しかしその権利を「就学強制は国家の権利であり、就学は国民の義務だ」と国民が誤って理解することによって、国家が教育の内容に介入することに疑問をもたなくなったのだ。

もちろん国家が中立を裁定する地位にないことは、公教育制度の設計に尽力したコンドルセの思想をみても確認できることである。教育で獲得する知識の差が絶対王政という専制政治の源泉になっているという認識を持っていたコンドルセは、知識による権利の自覚化を通じて専制政治の世に回帰させないよう、すべての国民に国家の責任で教育を保障する公教育制度を構想した。しかし公権力機関である国家には、公教育に対する明確な制限が課せられていた。「公権力は……思想を真理として教授せしめる権利をもつことはできない。公権力はいかなる信仰をも課してはならない……公権力は、どこに真理が存し、どこに誤謬《ごびゅう》があるかを決定する権利をもつものではない[5]」。

だが、この国家に課せられていた制約は義務教育の確立・普及とともに解除されていった。この背景には、資本主義社会の展開の中で生み出された社会の階級分化・対立の対応として義務教育を治安維持対策として機能させようとする国家の思惑があった。その証拠に「国家ないし公的機関の介入が肯定され、その内容は宗教＝道徳教育を中心とし、秩序維持、犯罪予防の目標をもつ」ものとして義務教育は機能し、そこでは「従順な労働者を育て、革命や社会不安を防止する〈労働力の保全〉という産業資本の要求に応じる」内容が伝達されたのであった。[6]

以上のように、近代公教育制度の構想段階では、国家が教育の内容に介入できない制約があったが、資本主義の展開の中で治安維持対策としての機能を公教育が付与されることによって、国家が教育内容に介入する事態が生じていったのである。ここに、教育を受ける権利の国民の誤った理解が拍車をかけ、国家は中立を裁定する地位を得ることになったのである。

国家が中立の裁定者となろうとする理由

ではなぜ国家は、中立の裁定者になろうとするのか。この点に関してコンドルセの言葉は傾聴に値する。

彼は、「知識を保有していた階級が、人間の想像力が考え得る最も絶対的な専制政治を、不幸な人民に対して行使するに至った」という問題意識から、「権利の平等をできるかぎり実際に普及せねばならないという見地」に立ち、公教育制度の確立を訴えた。[7]国民の権利の自覚化によって専制政治への回帰を阻止しようと考えたコンドルセの構想は、見方を変えれば、国民の権利の自覚化を阻止することによって、専制政治は維持できるということを示唆している。この点より、国家が教育内容へ介入することの目的は、専制政治を行うために国民の権利の自覚化を阻むことにあったと推認できる。

かつて宗像誠也は、教員の政治的中立性に関する二法律ができたことのねらいは「こんなことをいうと二法律に触れるかもしれない」というように、「教師の心理を抑圧し、自由な批判的精神が失われ、政治への無関心を強める」ことにあったと分析していた。[8]これは、現実の政治に関わる事象を批判的に考察する知識や能力を、子どもが獲得することを国家権力が恐れていることを示唆する。なぜ恐れるのか。それは子どもが将来、政策遂行を阻止する抵抗勢力となる可能性が否定できないからである。

なるほど、安倍政権が閣議決定した集団的自衛権の行使容認について、学校現場で不適切な解説がなされた場合には、「不適切な事案であれば、文科省としても必要に応じて教育委員会を通じ指導[9]」するという意向が示されたことも、子どもが政策遂行を阻止する抵抗勢力となることを恐れているということで一応の説明がつく。

そうであれば、これは政府・内閣が、自らの政策実現のために公教育を利用しているといえよう。こうした点を考慮しても、教育における中立性という言葉は本来、権力を保持した政府・内閣とその影響下にある文部科学省の行為に対して使われるべきものであって、学校や教師の行う教育内容や教育活動に対して使われるべきものではないといえる。したがって、教科書検定基準の改定に代表されるように、教育内容に関わる文脈で政府・内閣が中立の裁定をしていること自体を、教育の中立性の侵犯として問題にしなければならないのである。

「真理の代理人」説とその課題

こうした事実は、教師が国家の求める教育の「中立」に従ってはならないことを教えている。それをすることで政府・内閣の政策実現や政党利益を擁護することにもなってしまうからだ。教師は国家から要請された「中立」に従うのではない。「事実＝真理」を守る義務を負っているのである。なぜ真理を守るのかといえば、教師が責任を負う主体は国家ではなく学習者であるからである。教育権論の提唱者である宗像誠也は、「行政が真理に反することを教えろと命令したとしても……教師は真理を教える義務を負い権利を有している[10]」と述べ、教師は「真理の代理人」であると定義した。「真理の代理者としての教師の教育権は、権力の統制を受けるべきではないという意味で、自由であるが、しかし、教師はまさに真理の代理者たるべきであるゆえに、教師には真理に反することを教える自由はない[11]」。なぜなら、「子どもの学習権が権利の光源なのであり、教師の教育権はその照り返し[12]」であるからである。

とはいえ、宗像の「真理の代理人」説には批判も出されている。西原博史は「誰にとっても異議のない客観的真理なるものを現代社会の中で見つけ出すことは、たやすい課題ではない」と宗像の「真理の代理人」説を批判したうえで、宗像の議論と教育権論は「教師が主体となったイデオロギー的教化に対して子どもを守るものが存在しない構図」であったと批判する[13]。

この西原の議論に対し、佐貫浩は「果たして、『知識伝達』の領域の教育内容に国家が関与することへの制限は必要ないのだろうか」と問いつつ、価値の対立は「教育に『直接』関与する教育の自由の世界の諸主体が、教育の内・外の両事項に関わって討論し、合意を形成していくほかはない」と述べる。[14]

佐貫の議論の特徴は、内的事項とされる領域を政治世界から相対的に独立させ、教育世界の公共圏として立ち上げるところにある。「対立を含んだ価値の多様性の中で、公共的・共同的な営みとしての教育を組織するに必要な価値的合意形成のシステムをもった空間」[15]と定義されたこの公共圏では、構成員による討議と合意によるため教師のイデオロギー的教化を回避することができるとされる。西原への応答を踏まえ教育権論を継承発展させている佐貫の議論は、内的事項に関する論点を精緻《せいち》化しているという点で今日の到達点であると考えられる。

二　「真理の代理人」から「真理の発見を手助けする専門家」へ

この佐貫の議論に関して、今一歩進めたい論点がある。それは教育世界の公共圏において教師の役割と使命は何かという点である。というのは、仮に教育世界の公共圏が成立したとしても、教育世界の構成主体は、生活世界において国家を含めた権力や資本の影響を受けており、その影響によって教師の教育の自由が妨害される可能性が否定できないからである。では、論争のある主題を取り扱うにあたり教師はどのような対応をすべきなのか。

ここでは、歴史論争の観点からこの点を深めてきた佐貫の議論を参照してみよう。佐貫は遠山茂樹によって提唱された「学界の共有財産」論[16]を引きながら、「学問的な通説をこそ教育内容を確定する第一の基準にするべき」とし、通説と「対立していても、『市民権を認められた学説』については……必要に応じて子ども達にも伝えて行くべき」とする。ただし、「教育方法としては、価値観を強制することはしてはならない」という。なぜなら価値観や思想は「個々人が自分の精神の自発的で自由な営みとして、自ら生み出すほかないもの」だと考えるからである。[17]

佐貫の議論の興味深い点は、学問的通説及び市民権を得た対立した学説は知識情報として伝達すべき内容と措定しつつも、その内容をどう受け取るのかという価値判断については、子どもの自発性に委ねているところにある。「真理は唯一絶対的な『真理』として存在しているわけではない」が、「『学界の共有財産』および、社会的な合意の到達点として存在している」[18]と佐貫は真理を捉えている。つまり「『学界の共有財産』および、社会的な合意の到達点として存在している」「真理」について、教師は知識情報として伝達する役割を担っており、その点では佐貫の議論においても、真理の代理人という教師の役割を手放したわけではないといえるのだ。

とはいえ、「『学界の共有財産』および、社会的な合意の到達点として存在している」「真理」

を正しいことと伝達させる行為は、西原の指摘した「教師が主体となったイデオロギー的教化」になってしまう。確定的でなくともひとまずの「真理」を措定しそれを伝えなければならないとしても、それをどう判断するかは強制できない。ここにはアポリアがある。

これを突破するために、近年佐貫は、「成果としてまとめられた段階における帰納的推論と演繹的推論の成果を学ばせるという方法ではなく、研究者が最初に取り組む仮説的推論を立てることから取り組ませ、自らが立てたその仮説を検討、証明していく」「仮説性」という興味深い概念を提示している。それは「何が正しいのかをめぐる歴史学研究の土俵に上がって、その科学性を争う」ことを通じて、自らの歴史観の正当性を吟味する作業である。[19] 子どもの立てた仮説を、自ら検証するという科学的手続きを経ることで、何が真理であるかを自らで明らかにしていくというこうした実践であれば、教師による価値の強制も回避することができるかもしれない。

実は原子力発電にかかわる授業でも、子どもに科学的な検証作業をさせることで「真理」を明らかにしようという授業が構想されている。実践を構想する子安潤は、「真理」を確定してしまうことが権力と資本によって誘導された真理を再生産する危険性があることを示唆しつつ、「教師は、それらの一方の『真理』を代弁してしまったり、一方の知を教師が審判となって判断を下してしまってはいけない」と語る。そこで教師は、「価値にかかわる問題については、審判となるのではなく……知やデータから子どもたち一人ひとりが結論を出してみたり、複数の結論のまえで考え込む経験をつくり出すこと」が必要であるとする。[20]

佐貫や子安の授業構想は、ある一つの「真理」を教師が伝達するというよりは、無数にあるであろう「真理」を生徒に〝発見させる〟実践だといってよいだろう。この点でいえば教師は「真理の代理人」であるというよりは「真理の発見を手助けする専門家」であると再定義できるかもしれない。

三　真理探究の実践を正統化する理論

確かに佐貫や子安の論理は、生活世界における権力や資本の影響を「イデオロギー的教化」ではない方法で子どもに認識させるという点で優れている。しかしこうした実践は、国家権力が正統とする価値や文化のみが真理であると判断する子どもを相手にした場合、攻撃対象となる可能性も否定できない。今、この国で生じている事態は、国家権力が正統とする価値や文化と合致した実践でなければすべて「イデオロギー的教化」であるといわれかねない状況なのだ。そしてその文脈において「教育の中立性」という言葉が使用されているのである。そうだとすれば、この状況への対応を踏まえて実践を構想しておく必要がある。

現在のところ佐貫と子安の論理に立った実践構想では、この点に関する言及がなく懸念されるところである。価値判断に関わる強制に特段配慮している佐貫と子安の実践も、明示的ではないが一定の価値が据えられている。例えば子安の実践であれば、放射能というものの危険性を科学的根拠の下で低く見積もってきた「公認された知を批判する[21]」という価値がある。この価値は、既存の社会で権力や資本によって支持された知を相対化するもので、学問をするうえでは一定の普遍性をもっていると考えられるが、この価値自体に共感を示さない子どもを相手にした場合、実践自体が「イデオロギー的教化」であると評価されることも否定できないのだ。

そうであるが故に、佐貫や子安のような真理探究の実践を正統化するために、国家権力によって正統とされる価値や文化を公教育において批判的に考察することを視野に入れた理論を模索する必要があるのだ。以下ではこの点を検討するうえで政治哲学者のエイミー・ガットマン（Amy Gutmann）の議論を手がかりとしていく。

ガットマンは「学校が支配的な多数派が保持する信条を徹底させることだけに奉仕するならば……学校は政治的抑圧の機関となる[22]」という問題意識をもったうえで、「教育を支配する政治及び親の権力に対する一定の原理的な制限を確立[23]」する必要があるという。それは「非抑圧の原理（principle of nonrepression）」と呼ばれ、国民の「合理的な熟慮を制限するために（国家は）教育を利用してはならない[24]」という原理である。ガットマンは政治的多数派の思想や信条を再生産する社会を「政治的社会化」と呼び、教育が政治的社会化にとどまるものであるならば、「国民が権力を保持して社会それ自体を再生産するという民主主義社会の独自の性格が見失われてしまう」とする。そのうえで「民主主義社会の構成員が将来の社会の意識的な形成にどのように参加すべきかの理解を目的」に公教育は行われるべきとする。[25]

ガットマンの議論で興味深い点は、「民主主義社会の構成員が将来の社会の意識的な形成に参加」するための力の獲得が公教育の目的であると定義づけることで、国家権力を規制しているところにある。そのうえ、社会の意識的な形成に必要な「民主的審議のための能力（capacity）を身につけさせること」と「非抑圧の原理を擁護すること」が、専門職としての教師の義務（responsibility）であるとも定義している。[26] つまり「非抑圧の原理」は、社会の意識的な形成に必要な「民主的審議のための能力」の獲得を公教育において行うことを国家権力が制限してはならないというものなのである。

こうしたガットマンの理論を援用すれば、国家権力が「教育の中立性」の裁定者になることは認められないうえ、国家権力によって正統とされる価値や文化を公教育において無批判に伝達することも認められなくなる。それ以上に、国家権力によって正統とされる価値や文化を批判的に考察することをむしろ推奨しなければならなくなるともいえる。なぜなら、「民主主義社会の構成員が将来の社会の意識的な形成に参加」するために必要な「民主的審議のための能力」の獲得は、権力や資本によって支持された「公認された知」を相対化することを任務としているからである。したがって国家権力が公教育に介入することを通じて「公認された知」を正統化させようとすれば、その行為自体が「民主的審議のための能力」の獲得を制限するものであるという理由から「抑圧」と認定されることになるのである。

残念ながら日本では、公権力が公教育に介入することを規制する理論として「国民の教育権」論と呼ばれる学術的成果と蓄積はあるが、公教育の目的が何であり、また教育専門職としての教師がいかなる役割や義務を負っているのかということを、教育目的論の観点から体系的に深められていないため、本章で検討してきたように「教育の中立性」を理由にした攻撃に対して的確に対処できないでいる。この点からもガットマンの議論は示唆に富むものである◆27。

社会の形成に参画し社会を創造する主体（民主主義的市民）を公教育において育てようと意図するガットマンの議論は、佐貫や子安の論理に基づく実践構想とも親和的である。なぜなら「何が正しいのかをめぐる歴史学研究の土俵に上がって、その科学性を争う」ことを通じて自らの歴史観の正当性を吟味する佐貫による「仮説性」の実践構想や、「複数の結論のまえで考え込む経験をつくり出すこと」で「公認された知を批判する」という子安の実践構想は、まさにガットマンの意図する「民主主義社会の構成員が将来の社会の意識的な形成に参加」するために必要な「民主的審議のための能力」を育む実践であると評価できるからである。

翻ってわが国の状況をみれば、現実の政治に関わる事象を批判的に考察する知識や力を子どもに意識的に獲得させることをしてきたといえるのだろうか。そうしてこなかったツケが、権力を規制する市民の目を萎《な》えさせ、民主主義のコントロールがきかない暴走政権を誕生させたともいえよう。この状況を最も喜んでいるのはまぎれもなく権力を掌握している者たちである。研究者と実践家がこの点をどう受け止めていくかが今、切実に問われているのである。

※本章は『教育』二〇一五年九月号の「『真理の代理人』教師の役割と使命」に大幅な加筆修正を加えたものである。

◆1　俵義文「教科書は政府広報ではない」『世界』No.八七〇、岩波書店、二〇一五年、一八三～一八四ページ。
◆2　宗像誠也『私の教育宣言』岩波書店、一九五八年、三一ページ。
◆3　勝田守一・堀尾輝久「国民教育における『中立性』の問題」堀尾輝久『現代教育の思想と構造』岩波書店、一九七一年、四一〇～四一一ページ。
◆4　堀尾前掲書、一五五～一五八ページ。
◆5　コンドルセ「公教育の本質と目的――公教育に関する第一覚え書」（松島鈞・志村鏡一郎訳）『世界教育学名著選二〇』明治図書出版社、一九七三年、三七ページ。
◆6　堀尾前掲書、二六ページ。
◆7　コンドルセ前掲書、一一～一二ページ。
◆8　宗像前掲書、一九五八年、七～八ページ。
◆9　琉球新報二〇一四年七月一六日付朝刊。

◆10 宗像誠也『宗像誠也教育学著作集 第四巻』青木書店、一九七五年、一三七〜一三八ページ。

◆11 宗像前掲書、五三ページ。

◆12 宗像前掲書、一〇五ページ。

◆13 西原博史「思想・良心の自由と教育課程」、日本教育法学会編『教育法学の展開と二一世紀の展望』有斐閣、二〇〇一年、二一七〜二二一ページ。

◆14 佐貫浩「政治世界の公共性と教育世界の公共性」日本教育学会編『教育学研究』第七四巻第四号、二〇〇七年、七二〜七三ページ。

◆15 佐貫前掲論文、七四ページ。

◆16 遠山茂樹『遠山茂樹著作集 第七巻』岩波書店、一九九二年、一〇五〜一〇六ページ。

◆17 佐貫浩『「自由主義史観」批判と平和教育の方法』新日本出版社、一九九九年、第七章。

◆18 佐貫前掲書、五七ページ。

◆19 佐貫浩「歴史を考える力としての学力構造」『歴史評論』No.七四九、校倉書房、二〇一二年、六一〜六四ページ。

◆20 子安潤・塩崎義明編著『原発を授業する』旬報社、二〇一三年、二五ページ。

◆21 子安前掲書、二四ページ。

◆22 Gutmann Amy, *Democratic Education*, Princeton University Press, p.75.（＝エイミー・ガットマン〔神山正弘訳〕『民主教育論』、同時代社、二〇〇四年、九〇ページ）

◆23 Ibid., p.44.（＝ガットマン前掲書、五二ページ）
◆24 Ibid., p.44.（＝ガットマン前掲書、五二ページ）
◆25 Ibid., p.15.（＝ガットマン前掲書、一九～二〇ページ）
◆26 Ibid., p.76.（＝ガットマン前掲書、九一ページ）
◆27 ガットマンの議論を詳細に検討したものとして例えば、福島賢二「『教職の専門性』概念の民主主義的基礎づけ――Amy Gutmann の理論を手がかりにして」日本教師教育学会編『日本教師教育学会年報』第一七号、二〇〇八年、がある。

第11章　授業における中立性と公正さ
――憲法的原則と教育の原則

子安潤

一　中立と公正

教育における中立性を授業の場面における教授原則として考察する。この教授原則は、憲法的原則を満たしつつ独自性があることを論じていく。ここで憲法的原則というのは、憲法第一三条「すべて国民は、個人として尊重される」に代表される考え方を指す。考察対象は、授業のレベルに限定されるが、授業過程のことだけでなく、目標と内容・教材構成の中立性も取り上げる。

中立とは何に関する誰の中立のことか。民主主義社会においては、個人の尊重や自由と基本的人権が中心におかれるために、教育も個人の尊重を原理とする。よって、それは、ものの見方や判断に関する権力すなわち国家の中立のことである。だから権力の末端でもある教師の中立を含めて議論する。なお、教師は国家の仕組みからすれば権力の末端だが、国家の僕《しもべ》ではなく、文化と教育の専門性を根拠とした自律性をもった専門職者でもある。

　中立とは、一般に、特定の立場や思想に味方しないことを意味する。よく似た意味の言葉に公正という言葉がある。これは公平で偏っていないことを指すが、何が公平かは不利益を得ている者がいる場合、中立とは異なって特定の側に味方をすることが公正ということがある。特定の不遇な立場に置かれた側の利益を最大化するというロールズの格差原理で考える場合のように、一方に味方することが公正ということがある。いつでも等距離をとることは、中立的だが公正ではない事態も存在する。だから、中立と公正とは異なる。社会的には公正という言葉に置き換えた方がよい事態が教育にもある。弱者に手厚い対応をとる貧困対策としての教育の支援や特別ニーズ教育などである。

　だが、授業の構成としては、「判断主体を育てる」教育の条理に則れば、憲法への態度も含めて中立というい方がふさわしい。永遠や普遍の価値を口実として教育は特定の見方を強制してきた歴史がある。遅れてやってくる子どもは選ぶことが許されなかった。授業における中立性の問題は、近代公教育制度の発足以来続いてきたが、今日もなお個々の授業の内容に政治が直接に圧力をかけることが頻発し、教育の自由や自律性を脅かす事態が生まれていることにある。この事態に対して、憲法的原則「個人の尊重」を基点とし、教育方法学の知見と教育実践の観点から授業における中立を主張する。

二　学校という一致点

近代学校の争点の一つは、その目標像と教育内容の一致点をどこにおくかであった。これこそ中立と公正に深く関わる。近代の初等教育の出発は、実態上は読み書き算学校であり、その主たる目的は近代産業の担い手の養成であった。ほどなく帝国臣民・軍人の養成を明示的に目的とするようになる。どれも特定の人間像の養成に向けた教育であり、修身や歴史教育に自明なように偏った教育内容を内部に持っていた。

しかし、当時も含めて、すべてが偏っていたというわけではない。誰にとっても読み書き算が思考の道具となり有用さを持つように、多様な階層・職業の子どもが学ぶ学校は、共通性を持たなくては存立できなかった。そのために階層・職業を超えて有用とみなされる内容を教えることも行ってきた。共通性と偏りという二面性を持っていたのである。だから、この人間像や教育内容をめぐる争いは、ずっと続いてきた。

人間像と何を教えるかの最終的決定は社会的・政治的合意による。多くの市民の合意をどのように取り付けるかについて、敗戦後は、日本国憲法と教育基本法に示された諸価値を基本において教育は出発した。しかしそれは、社会的・政治的合意の出発点であり、それで解決したわけではなく、学習指導要領が改訂されるたびに問題化したように意見の違いはずっと続いてきた。そのために社会的合意を生み出す営為は続けられてきた。この点を見ないと、簡単に「中立なんてない」とし、教師が自分こそ正しいと宣言して自己満足するだけに終わる。

そうではなくて、民主主義や基本的人権を基底において、例えばＬＧＢＴの人や外国籍の人にも開かれたものにする内容の豊富化、誤って理解された内容の訂正、例えばジェンダー・バイアスのかかった記述を公正な内容に改訂する人々の努力は続いてきた。もちろん逆の動きも存在し続けたけれども、社会的合意をめざす取り組みは続いてきた。

日本の場合、敗戦後、審議会制度を採用するようにはなったが、各層の合意を取り付ける民主主義的な仕組みが成立したことがない。現在は、中央教育審議会が検討して答申を出して、目標や内容について定めた「学習指導要領」を文科大臣が告示することになっている。だが、この審議会のメンバー構成が、社会の各階層を代表した公平な編成となったことがない。また、学問的裏付けにおいてきちんと検証されて作成されたことがない。そのために、各階層の声を十分に反映して答申されたことがなく、何らかの偏りを抱えてきた。それでも、くどいようだが偏りすぎた内容は社会的には支持されず、短期間に消えたり、修正されてきた。合意の地点がひとまず教育における公正や中立の基準点となり、法制度的には、憲法と教育基本法の理念がその出発点となってきた。学校教育も授業も、この憲法空間の中で営まれるべきなのだが、現実はこれに違背することが多々存在してきた。次に、最近の事例でそのことをみておく。

三　目標像と教育内容の偏り

今日の授業目標にも偏りがある。学校における能力で高く評価され続けてきたのは、人間の能力の一部である言語・記号の操作能力である。直接に関係する教科は、国語・英語・数学だ。これ自体が偏りの一つであるが、それらの内部でも産業の趨勢に応じた偏りが加わってきた。具体的に現在注目を浴びている事柄で一部だけだが見ておこう。

今、話題の一つは、「コンピテンシー・ベースの教育」への転換と言われる動向である。これが偏りだ。世界の動向と宣伝されている「キー・コンピテンシー」は、ＯＥＣＤ（経済協力開発機構）という先進国の産業と生活を中心に選択されている。その第一に「社会・文化的、技術的ツールを相互作用的に活用する能力」があげられているが、内実としてはコンピュータと英語の操作能力に比重がかかっている。◆1 同様に、「二一世紀型スキル」はインテルやマイクロソフトなどのコンピュータ・情報産業をスポンサーとし、ＩＣＴを利用した学習者の活動に関する能力に比重がかけられている。[◆2] そういう社会を想定した人間像が掲げられている。それらは決して、人間全体を見渡したコンピテンシーという構想ではない。現在の産業主義の動向を念頭においた偏りを持った構想なのである。「実生活に生きる」「課題解決力」の二つを重視するのが「コンピテンシー・ベース」だとしているが、実際には産業主義的人材の養成が念頭におかれているとみると整合的だ。

もう一つ忘れてならないのが、改訂教育基本法の第二条に入れられた「伝統と文化を尊重し、それらをはぐくんできた我が国と郷土を愛するとともに、他国を尊重し、国際社会の平和と発展に寄与する態度を養うこと」に典型的なように、個人の尊重と対立する可能性の高い国家優先という見方を打ち出している点である。個人が自分の判断で郷土を愛するのは自由だが、国家権力が持ち出すと全く意味を変えてしまう。この区別が重要だ。すぐ前の条項に「個人の価値を尊重して」という句はあるが、「勤労を重んじる態度を養う」に終わる文脈であって、能力に応じて働くように言っているに過ぎない。国家主義的な目標像が強く打ち出されているといわざるを得ず、国家の中立性が疑われる事例である。

こうした目標像は、教育内容・教材に直接現れる。学習指導要領に示されている場合、教科書にある場合、文科省や教育委員会などの作成する副読本の場合もある。

例えば、学習指導要領には、国語の教材選定基準が一〇項目あるが、その一つに「国語に対する関心を高め、国語を尊重する態度を育てるのに役立つこと」と特定の態度が定まっている。

この方針が影響して、小学校にも「いなばの白うさぎ」「竹取物語」といった古典が教材として配置された。単にそれらの作品があるのではなく、その先に「国語の尊重」が待っている。「いなばの白うさぎ」は軍国物語に書き換えられた歴史があるが、物語自身の読みよりも先に「国語の尊重」が決められていることが問題なのである。このことへの批判的眼差しを欠くと、産業あるいは国家のための人づくりへ矮小化される。真実が曇らされているだけでなく、子どもたちから判断が奪われているのである。

そこで、合意を生み出す物差しとして、学問や科学に依拠することが打ち出される。だが、学問・科学といえども、そう簡単に合意を生むわけではなく、歪められることも多かった。教科書にも副読本にも誤りがあった原発の安全性についての記述が、その典型である。根拠に恣意的操作が加えられて流通していることもある。学問的に解明されていないこともあるが、学問の見解が分かれている時に一方だけを採用して、教える内容の偏りを生んだのである。

さらに、内容記述の今日的な問題は、二〇一四年一月に文科大臣が「義務教育諸学校教科用図書検定基準及び高等学校教科用図書検定基準の一部を改正する告示」を行い、「閣議決定その他の方法により示された政府の統一的な見解又は最高裁判所の判例が存在する場合には、それらに基づいた記述がされていること」としたことである。政府の意見を教科書に書かせることにしてしまった。その結果、一つの意見として記述するだけでは済まず、領土の記述に現れたように、政府見解だけを記した教科書が増加した。

教材の偏りは、たんに一方の側に有利な記述が載せられるだけでなく、料理をしている挿絵がかつていつも母親であったように、メディア・リテラシーの議論で指摘される暗黙の刷り込みの手法など、多様な現れが教科書・副読本などにある。それら一つひとつを明らかにし、正確で、公正かつ、中立的な取扱いをめざすことが必要である。ところで、教科書は偏っているだけではなくて、偏りをただす努力も同時に行われている。教科書執筆者は、教科書検定をくぐり抜け、かつ教育活動の参考となるように複数の見解を予測させる表現を織り込んでいることがある。教師は、そうした記述を教材研究によって見つけ出さねばならない。

四　論争的テーマの教授学

論争的テーマを回避する病

日本の授業構成には奇妙な病がある。国語の読みの解釈をめぐっては細部にわたる話し合いを行うが、社会問題に関しては取り上げないか、取り上げられたとしても本質的な論点を回避した「話し合い」に終わる病である。

これは、環境問題や地域学習にしばしば現れる。何が環境を破壊しているのか、環境対策は妥当かといったことを検討せずに、すぐに「自分ができることをやってみよう」という方向で終えるのである。だから、日本のＥＳＤ（持続可能な開発のための教育）の取り組みは、社会的視野を持たない心がけ主義的な貧相なものが多い。知性の裏付けのない態度主義そのものなのである。一部で論争的なコミュニケーションを通じた考える教育を重要とする主張があるが、この点を本当に追求するものかどうかは問題の設定をみるとどれほどのものかがわかる。

教師のなかには、国家や政治の圧力を感じてか、子どもは国家レベルのことは無理と見下してか、論争的な社会問題については「無難な」結論で終えるものと考える人がいる。それが政治的中立と思い込んでいる人がいる。このように核心を外した教育が一方にある。

他方で、教材研究の結果、教師のなかには、一定の見解が誤りと確信できるほどのデータを見つけ出す人もいる。ここまでは正しいのだが、論争や論争的見解が存在する場合に、その先で間違ってしまうことがある。教材研究から得た教師の判断に子どもを導く教育活動を構想・実施してしまうのである。異なる見解やそれを支えるデータの不十分さが見える分だけ授業構成から排除したくなる。そのために、一方の見解を批判するトーンの授業となることがある。

このやり方は、多様な見解が社会に存在しているときに、不全感を子どもたちに残す。扱い方によっては表面をなぞる学習に終わったり、一方的に教師の予定した判断に導く授業となることがある。これらは、どちらも個人の尊重や思想・信条の自由という憲法的原則を踏まえ、同時に次に示す教育の原則も踏まえたものに変える必要がある。

外国での原則

論争的テーマを外国ではどのように教えようとしているのか。この点でしばしば紹介されるのがイギリスのバーナード・クリックを委員長とする報告書、いわゆるクリック・レポートと呼ばれる文書である。一九九八年に公表されたこの文書の特徴は、日本の病とちがって、青少年に争点を知らせることを最も大切な点としていることにある。そのために、誰がどんな政策を推進しているか、対立点に関する知識を伝え、同時にそれらの知識や情報が正しいかどうか疑うように促し、それらの争点と自分との関係を理解するように求め、それらについての意見表明の機会や行動のための技能を伝えようと提案している。

また、論争点に関する教師の態度についても、示唆に富む指摘を行っている。一つは、中立的議長アプローチ（The ‘Neutral Chairman’ approach）と呼び、議事進行を進めるようにふるまうものである。二つは、バランス・アプローチ（The ‘Balanced’ approach）と呼び、少数派の子どもに味方して教師は意見を言うなど、多様な意見交換となるように意図的に立場を変えて発言する。三つは明示的アプローチ（The ‘Stated Commitment’ approach）と呼び、教師が自分自身の意見を最初から提示することで意見交換を活発にしようとするものである。

注目すべきは、どれかだけがよいのではなく、三つを状況に応じて組み合わせることが重要としている点である。[◆3] 日本では、一八歳選挙権への法改正と関連した議論で、教師は自分の意見を言わない方向の言説が配信されている。確かに、日本の子どもは教師に同調する傾向が強い。だが、教育方法について国家が方針を立てるような問題ではなく、自律的な子どもを育てる教育活動として教師が判断すべきものである。

もう一つ一九七六年に、多様な立場の政治教育学者が集まった会議のまとめであるボイテルスバッハ・コンセンサスと呼ばれるものがある。これはドイツの政治教育の基本原則となっているものである◆4（第2章も参照）。

その原則は、三つからなる。「①圧倒の禁止。いかなる方法によっても、生徒を期待される見解をもって圧倒し、自らの判断の獲得を妨害することがあってはならない。これが正に政治教育と政治的教化のあいだの明確な違いである。政治的教化は、民主主義社会における教師の役割や広範に受け入れられた生徒の政治的成熟という目標規定と矛盾する。②学問と政治において議論のあることについては、授業においても議論のあるものとして扱わなければならない。③生徒は政治的状況と自らの利害関係を分析し、自分の利害に基づいて所与の政治的状況に影響を与える手段と方法を追求できるようにならなければならない」。ここでも論争点を取り上げることが推奨され、議論があることを明示し、生徒自身が判断することを大切にすることが打ち出されている。

ほかに、米国や北欧諸国の試みにおいても、論争点をとりあげ、対立する情報を自分たちで集め、自分たちで議論する授業の構成が原則として示されている。日本のように、単純に教師は意見を言わないなどと決めつけて統制するのではなく、これらの原則に学ぶことがまずは必要だろう。管見したように、①論争点を取り上げること、②多様な見地とそれを支える情報を提供すること、③一方の見地へと誘導しないこと、④意見交換を行うこと、⑤判断を子ども自身に委ねること、これら五つが基本原則として引き出される。

テーマの選択と真理への距離感

そうした授業をつくるためには、教材研究が重要となる。その際のポイントは、まずは論争点を見つけること、あるいは未解明な問題を見つけることである。ついで、論争点を支える知識や情報を事実・真理との関係でどのように仕分けるかが重要となる。

テーマは、論争されていればいいわけではない。授業時数をそれなりに使うとすれば、軽重や適否がある。まずは、社会的に話題になっている事柄で、問題の重大さが第一の基準となる。つぎに、既存の教科との関連の深浅が第二の基準となる。だが、テーマ選択の難しさは、子どもの生活という視点によって適否がひっくり返ることにある。些細に見えたとしても子どもにとっては重大な意味を持っていたり、重大な問題を潜ませていることがある。反対に、社会的には重大だとしても、子どもの関心を呼ばないこともある。

この点で、参考になる実践的アプローチがいくつかある。米国のシティズンシップの教育の場合、意図的に地域の話題を集める活動を行う。実際に話題を取材しに出かけるのである。日本の教育実践の三分間スピーチや生活綴り方の手法が論争的テーマをさがす契機となる。その場の話題を発展させ、調査や討論会へと発展させるのである。

論争的テーマで真理・真実が一義的に定まっていない事柄をいかに授業に構成していくのか、その基本的観点と手法を提示したい。◆5

まず、「唯一の真理を教える」という構えを捨てる必要がある。真理が存在しないなどといっているのではない。唯一とは限らないといっているだけである。また、授業や単元の終わりには、揺るぎない一つの到達点を子どもに教えねばならないという見方をやめる必要がある。その見地をやめない限り、論争的テーマに対して公正に立ち向かうことができず、中立の位置を取ることができない。「真理を教える」という見地は、「虚偽を教える」という見地と意外に近かったのが福島第一原発事故の教訓であった。教科書や副読本もその作成に大きな努力を傾けているにもかかわらず、真理の塊ではなかった。そもそも真理の塊とみなしてしまうが故に、不確定な要素があると疑問の声を根拠の薄い議論として排除することが行われてきた。それが原発を安全と言いくるめる論理に使われてきた。リスク・コミュニケーションの技法を利用して「……とは言えない」「確定していない」といった論法で、自分の立場に不都合な情報を排除することが行われてきた。

では、どのように学問やその成果とされる真理や真理の方法と付き合えばいいのか。教科内容・教材研究としての真理・学問的到達点を探求する行き方を簡潔に示してみたい。

一つは、科学的・学問的見地を支えるどんな具体的な事実があるかを把握することである。

対抗的な立場の根拠をそれぞれ探すのである。科学的といいながら、教科書記述も含めて根拠データが意外に粗雑なことが多い現実がある。

二つは、その知見や主張の社会的意味を明確にすることである。福島第一原発事故に際して、当初、原発に固執する人々が、「差しあたり心配ない」と言い続けた根拠は、原発の「五重の壁」であったが、社会的な意図は別にあった。「心配ない」根拠も電源喪失を想定しておらずメルト・ダウンの基準さえ「知らなかった」程度の根拠だったが、社会的意図は、その場しのぎとパニックを避ける意図からであった。客観的には避難を遅らせ、被曝の危険に人々をさらすだけであった。この事例からわかることは、主張の表の意図とは別に、社会的意図や意味があることである。科学に基づく主張の社会的意図を探す教材研究を行う必要がある。

三つは、科学的・学問的と言えるための基準・条件を明らかにすることである。それぞれの学問分野には学問の作法がある。例えば量的調査における有意差を五パーセントとする見方は、統計学の一つの作法だが、これを絶対視しないといった作法を、教師が見つけ出し、その作法を子どもたちの審問にかけることである。科学的とは何かの指標を教えるのである。

私たちは、学問の発展を自分でたどると、そこに頭を垂れたくなる。敬意を払う必要はあるが、だが、たえずその次があるという見地を一方に持っている必要がある。

論争的な授業構成と憲法的授業空間

こうした教師の教材研究を課題や問題に変換して授業は組み立てられていくが、ここまで議論してくると、すぐに二つのポイントがあることがわかる。

一つは、論争的テーマに関するそれぞれの主張とその主張を支える論点やデータを、客観的に公正に示すことである。論点を言い合うことにはさしたる意義がなく、双方の主張と根拠となるデータとをつないで議論を発展させることが重要である。ここで中立の位置を保つには、それぞれのデータを公正に示すことである。国によっては公正を、紹介する量として目安を設けているところがあるが、参考になるだろう。

二つ目のポイントは、論理や事実を教えることと、論争的テーマに関する価値判断を区別することである。二つの区分が微妙な事例があるが、意図的に区別する努力に意味がある。そして、価値判断をするのは子どもだという原則を堅持することである。複数の見解のどれかを教師が正解と断定しない説明のあり方を、追求する必要がある。これは、憲法的原則でもあるが、同時に子どもが自己決定してこそ主体形成につながるという教育原則でもある。

最後に、この点で憲法や教育基本法などを持ち出して、教師は憲法の遵守を宣誓して教師となり、その価値に則った教育が社会的に期待されていることを根拠に、民主主義的価値に味方するのは当然ではないかという主張について論及しておく。

教育は社会的合意に基づく営みであることから、社会の中の教育は、現在の諸価値に彩られている。教育の営みは社会の中で行われるから諸価値も教育内容も子どもより先にある。だから、教えられる内容を子どもの側が選ぶことはできない。そういう制約を抱えている。しかし、子どもを個人として尊重するとは、子どもに知を与える中で判断する機会と権利を提供することではないか。学校は子どもが生きていく試行錯誤をする期間としてあると考えるならば、「真理への同化」を迫るのではなく、判断する機会を提供し判断を促す教育がより優れているというべきではないだろうか。子どもに判断主体としての権利を保障してこそ民主主義である。

◆1　ドミニク・S・ライチェン、ローラ・H・サルガニク編（立田慶裕監訳）『キー・コンピテンシー』二〇〇六年、明石書店、参照。
◆2　P・グリフィン、B・マクゴー、E・ケア編（三宅なほみ監訳）『二一世紀型スキル』二〇一四年、北大路書店、参照。
◆3　Citizenship Advisory Group, Education for citizenship and the teaching of democracy in schools: Final report of the Advisory Group on Citizenship, 1998., p59.
◆4　近藤孝弘「ヨーロッパ統合のなかのドイツの政治教育」『南山大学ヨーロッパ研究センター報　第13号』南山大学ヨーロッパ研究センター、一一八ページ。
◆5　詳細は、子安潤『リスク社会の授業づくり』二〇一三年、白澤社参照。

第12章　教科書と教育の政治的中立
――「学界の共有財産」と教師の専門性

今野日出晴

学校教育において、教師の特定の価値観を強制することは、厳に戒めなければならない。しかし、それは、価値の対立のある問題に対して、教師が自らの見解を表明してはならないということと同義ではない。佐貫浩は、社会科学習に関わって、価値対立のある問題を「政策選択問題」と「到達点のある論争問題」の二つに区分している。「政策選択問題」は、「政策選択として、国民的議論によって決定されていく」問題をさし、「到達点のある論争問題」は、「社会的に論争があるにしても、科学の世界や社会的判断として、一定の結論が形成されている」問題としている（「生徒の価値の自由の保障と教育の『中立性』――歴史教育と歴史認識を巡っての学生との対話から」『法政大学教職課程年報二〇一五年度版』、二〇一六年。本書第1章も参照）。

ここでは、後者の「到達点のある論争問題」を、歴史教育を一つの事例にして検討してみたい。その前提として、まず、教科書叙述は何に依拠して書かれるべきなのかを検討し、それを踏まえたうえで、「到達点のある論争問題」を授業で扱う際に、留意すべきことは何なのか、教材のレベルも含めて考えてみたい。

一　「学界の共有財産論」を原点に

教科書は、検定制度ばかりが大きくとりあげられる傾向にあるが、発行、編集、検定、採択の四段階から構成され、それぞれの次元で質の異なった統制のなかにある。それでも、やはり、検定は、具体的な教科書叙述に踏みこんでくるため、社会的にも、国際的にも大きな関心を呼ぶものとなる。特に、二〇一四年度の検定は、新たな検定基準に基づいて実施されたことで、看過できない問題があらわになった。「社会科」や「地理歴史科」「公民科」の検定基準に追加されたのは、①「近現代の歴史的事象のうち、通説的な見解がない数字など」については、「通説的な見解がないこと」を明示すること、②「閣議決定」や「政府の統一的な見解又は最高裁判所の判例が存在する場合には、それらに基づいた記述がされていること」[1]であった。この基準によって、国家が通説か否かの判断を行うというだけでなく、「教科書は政府広報ではない」（俵義文『世界』二〇一五年六月号）と批判されるように、教科書が政府見解に従って記述され、その見解に批判的な記述は「偏向」として、排除されていく可能性が強まってきたことを意味している。

　歴史的な事象に関わる検定の全てをとりあげることはできないが、「政府見解によって『慰安婦』記述を抑制」（俵前掲論文）するものになっているし、沖縄戦については、「『集団自決』（強制集団死）に対する日本軍の強制性を明記した教科書が、来年から姿を消す」ことになり、「これで沖縄戦の実相、軍の非人間性、ひいては戦争の愚かさ、平和の尊さを教えられるはずがない」（琉球新報二〇一五年四月八日付）と危惧《きぐ》される事態となった。

　また、関東大震災直後の朝鮮人虐殺事件の記述は、「警察・軍隊・自警団によって殺害された朝鮮人は数千人にものぼった」（清水書院）としていたものが、犠牲者数に「通説的な見解がないことが明示されておらず、生徒が誤解するおそれのある表現である」との検定意見が付された。朝鮮近代史の田中正敬は、「『数千人』は近年の研究における数字」であること、「何をもって通説か」が示されず、なおさら「通説か否かを国家機関が判断すべきではない」と的確に批判している（東京新聞二〇一五年四月一六日付）。

　虐殺直後の真相究明は行われず、むしろ、治安当局によって、それは封じられ、朝鮮人を保護する事例が「美談」として報道された。こうした報道は、虐殺の事実を巧みに隠蔽《いんぺい》することに結果したのであった（成田龍一『近代都市空間の文化経験』二〇〇三年、岩波書店）。真相が葬りさられ、忘却の彼方に消え去ろうとするなかで、一九五〇年代末から、研究が始まり、文書資料が掘りおこされ、姜徳相・琴秉洞編『現代史資料６　関東大震災と朝鮮人』（一九六三年、みすず書房）が編まれる。

さらに、流言の発生源や朝鮮人虐殺事件の性格についての論争によっても研究は進展していく。目撃者による証言集など、新たな資料も編集され、八〇年代には、千葉県における関東大震災と朝鮮人犠牲者追悼・調査実行委員会編『いわれなく殺された人びと――関東大震災と朝鮮人』（一九八三年、青木書店）に代表されるように、地域を歩き、証言を集め、犠牲者を悼みながら、地域のなかで史実を明らかにする研究が、いくつも生まれて現在に続いている。

詳しい研究史は省くが、田中が明確に位置づけたように、関東大震災時の虐殺事件研究は、大学などの研究機関に勤務する研究者のほかに、地域の教員をはじめとした市民による調査研究の幅広い裾野をもって進められてきた。◆2 これまでの歴史研究では、文書資料だけでなく、口述資料も含めて厳密な資料批判を行い、その資料を根拠とし、論証と分析によって、互いにより説得的な歴史像を提示しようとしてきた。そして、その歴史像は、相互に批判検討される（反証可能性が開かれている）なかから、次第に学界において有力な学説が、通説や定説として位置づけられていく。むろん、それ自体、固定的なものではなく、再審に付され、つねに批判にさらされ、より説得的なものに書き換えられていくが、しかし、通説として学界で共有されていることによって一時的とはいえ客観性が担保されているといってよい。◆3 その意味では、歴史研究のレベルでは、一定の客観性が付与された通説や定説といわれるものが想定されるが、しかし、それは「結論」ではない。

注意したいのは、遠山茂樹がかつて提示した「学界の共有財産」とは、通説を基準として考えなければならないが、通説と同じものではなかったということである。そして、教科書の記述が、すべて通説の枠内にとどまるべきだと主張しているのでもなかった。まず、執筆者が「創意・創見をもりこむことの自由」は、尊重される。そこでの創意・創見とは、「非学問的な独断」とは異なるもので、「共有財産」を基礎とし「学界で発表されて第三者の批判をうけるという手続」を踏んでいることが前提になっていた。その意味で、遠山のいう「共有」とは、まさしく、「みんなのあいだで正しいに違いない」というかたちで「真理性」が理解されているのであり、個人の内面に主観があるのではなく、主観は人間と人間の間にあり、共同的に機能するという、間主観性の議論にも通じていた。いずれにしても、「真理性」の基礎を人と人とのコミュニケーションに置いている点こそが重要なのである。

次に、通説といわず、共有財産とした理由は、第二次教科書訴訟での杉本判決を受けてのものであったことは確認しておきたい。杉本判決は、「国家の教育権」を退け、「子どもの学習権」を中核として「国民の教育権」を認めるものであった。「子どもは未来における可能性を持つ存在である」から、「自ら学習し、事物を知り」「自らを成長させること」が「子どもの生来的権利」であるとした。それをうけて、遠山は、「未来における可能性を持つ」子どもたちへの責任として歴史教育を考えたのである。

それゆえ、「歴史教育が歴史研究の成果にもとづかなければならないという意味」は、通説を暗記させるというようなレベルではなく、通説を根底から批判し、それを乗り越えるような、未来へ向けての可能性を豊かにもつものとしての成果であった。だから、「成果を通説といわず、共有財産だと規定した」のであり、未来へ向けて、「今後の新しい成果の創造を生む土台の知識と能力の修得が歴史学習」（『遠山茂樹著作集　第七巻』一九九二年、岩波書店）と捉えていたのである。

こうしてみてくれれば、執筆者や編集者らの独善的な説を教科書に記述するべきではないこともただちに理解されるであろうし、同様に、「学界の共有財産」が「学会」の多数派で形成される定説というような短絡的なものではないことも明白であろう。「子どもの学習権」を踏まえたうえで、通説でも定説でもなく、「学界の共有財産」としたことの深い意味をきちんと理解することが求められている。

木下路子は、「共有財産」を歴史教育研究の側からひきだして学習内容に編成し直していくという遠山の議論（「歴史教育の前進のために」『歴史地理教育』第一〇七号、一九六五年）を丁寧に読み解き、「学界の共有財産」は、実は「研究分野における共有財産と教育分野における共有財産が、二重かさねになっている」という興味深い指摘をしている（「遠山茂樹の歴史教育論と昭和史論争」、大門正克編著『昭和史論争を問う』二〇〇六年、日本経済評論社）。考えてみれば、家永第二次教科書訴訟差戻審では、学習指導要領が変更された場合に教科書記述もそれに伴って変更されるか否かが争点になった。その際に、原告側が主張したのは、現実には「学習指導要領は教育実践・教科書の内容に実質影響を与えず、検定の審査基準としても形式的なものに過ぎない」「教科書は教育実践と歴史研究、即ち歴史教育の大きな潮流に依拠して書かれるべきである」（池享「教科書は何に依拠して書かれるか」『歴史評論』第四七〇号、一九八九年）ということであった。判決では、この時点では、学習指導要領の法的拘束力については、「教育課程の大綱的基準を定めたものにすぎず、教科書に記述される事項は一義的に決定されるものではない」（家永教科書訴訟弁護団編『家永教科書裁判』一九九八年、日本評論社）ということであった。

学習指導要領の「基準性」についていえば、もちろん、第二次教科書訴訟の状況とは異なっているにしても、現行の「基準性」においても、「基本的には、学校・教師の自由の尊重として捉えることができ」、「遵守すべき基準」は「教育実践の多様性を排除するものではない」（秋池宏美「教育課程行政における学習指導要領の『基準性』の意義」『駿河台大学論叢』第四七号、二〇一三年）。とすれば、やはり、「未来における可能性をもつ」子どもたちの成長を見据えて、「学界の共有財産」を基礎にしながら、意味のある「創意・創見」を教科書にいかそうとするべきなのである。それを原点にしたい。

二　教育実践のプリズム

黒川みどりは、自らの所属する教員養成学部の実情について、高校で日本史が必修科目でなくなり、学生の半分ほどが日本史を学習せず、「中学でマスターしていなければならないレベルの歴史用語の知識も覚束《おぼつか》ない」と指摘する。しかし、教育実習では、生徒のグループ討論などに多くの時間を割くために、知識不足をさほど露呈せずに済んでいるという。

通史を理解して生徒に語ることができない、教科書をさえ教えることができない教師、それをつくり出しているのが現在の教員養成課程のシステムであると批判する。それを支えているものの一つが、講義型「一斉授業」の否定的評価とアクティブ・ラーニングなるものの慫慂《しょうよう》ではないかというのである。◆4

佐久間亜紀は、教員養成における専門教育の位置づけを丁寧に分析し、「二〇〇一年以降はとうとう、教職志望の学生には一般学生と同じ学問は必要ないとするカリキュラム理念が唱道されるようになった」（「教員養成における専門教育の課題」『歴史評論』第七七四号、二〇一四年）と指摘した。それは、学部教育だけの問題ではなく、教職大学院においても同様の事態を招いているのであり、教職大学院での主要な授業に、教科専門の教員が関わらないというつくりも存在し、各大学での工夫はあっても、果たして教科の力をつけるようなものになるのか、教育内容に関する専門性と責任をきちんと果たせるものなのか、いくつもの疑問がうまれる。義務制については、子ども理解や学級経営・学校経営にこそ、教師の専門性が必要なのであり、教育内容に関する専門性は必要ないということの、文科省の態度表明かもしれない。

佐貫浩は、「到達点のある論争問題」と「中立性」に関わって、興味深い実践を行っている（佐貫前掲論文）。佐貫は、「アジア・太平洋戦争については、侵略戦争ではなかったという意見もある中で、どのように、どういう内容を教えるのが良いと思いますか」というテスト課題を出した。そこでの学生の記述のなかには、「中立的な史実に基づいてさまざまな視座と視点を取り扱う」／「侵略戦争」と「自衛戦争」の「両方の視点から」見ることが必要で、「しかし、あくまでも、公教育として教師になれば指導要領に従わなければならない」／「教育者として、生徒に白とか黒とかいってはならない」のであり、「南京虐殺はあった、などと断定的なことはいってはならない」／「教師」の見解を「生徒に押しつけるのは、好ましくない」、判断するのは「生徒自身でなければならない」などというものがあった。

それを受けて、佐貫は、学生自身が「侵略戦争」か「自衛戦争」かを決めかねているという実態であり、それゆえに学生は「中立」を選ぶほかないのであり、教師になったとしても、その授業は、両方の意見を紹介して、あとの判断は生徒自身にゆだねるだろうと予想する。そして、それゆえに、文科省の「教育の政治的中立」は「納得」の規範として受けとめられているのではないかと指摘する。

佐貫が紹介する学生の意見を考えてみれば、そこにあるのは、該当する主題に関して、判断するための確固とした知識をもたず、もたないがゆえに、判断に苦しんでいる姿である。仮に、インターネットで「検索」しても、対立した内容のサイトが膨大にヒットし、なおさら判断に困ってしまうという事態なのかもしれない。それゆえ、教師は「学習指導要領」に従わなくてはならないとか、教師の見解を押しつけるのは間違いであり、判断するのは生徒自身であるという、一見すれば「正当」な「教育言説」に寄りかからざるを得ないのであろうか。

しかし、こうした事態は、最近になって始まったことではない。かつて、宮澤康人は、一九九〇年代の「子ども中心主義」の教育を位置づけるに際して、教師―子どもという二項対立図式ではなく、教師―「知識」（教えるべき内容）―子どもという三項間の関係としてとらえようとした。そして、地球の環境問題など、新しい課題に対処できない「近代社会に生きる大人たちの知恵のゆきづまり」と「絶望」は、「人類が蓄積した知識や方法論」を軽視しがちになり、知識を後景に退かせる。その結果、「子どもと一緒に考えよう」「子どもとともに学んでいこう」という主張になり、一見、子どもの目線に立った望ましい教師像にみえるが、実は、「大人が確実な知識を手にできない」自分自身の「知の窮状」、「『正統的な信仰』をもちえない内面の荒廃」のあらわれであると喝破した（「児童中心主義の底流をさぐる――空虚にして魅惑する

思想」『季刊　子ども学』第一八号、一九九八年、福武書店）。

私も、宮澤の指摘をうけて、次のように言及したことがある。「教師は、ある種の『安全地帯』において、『コーディネーター』という役割のもと、自らの判断を留保しながら、授業をすすめていく。それは、『知の窮状』という事態にもっとも適合する形態になってしまう。教えることを忌避するということ、そこにいるのは、学びから逃走する子どもたちではなく、教えることから逃走する教師たちなのだ[5]」と。

その意味では、こうした「こども中心主義」を信奉する教育が蔓延《まんえん》するなかで、学生たちは、小学校から現在までを過ごしてきた。情報化社会のなかでたえず知識が更新され、陳腐化され、知識は直ちに雑報となり、たえず無効にされていくような現実がそれを後押ししてきた。「知識」を得るためのもっとも有効な作法は、インターネットによる「検索」であり、あふれるほどの情報を「獲得」しているようにみえる[6]。こうしたありようが常態であれば、宮澤のいう「知の窮状」を、自らの知識の足りなさを意識しなくともすむのかもしれない。

こうしてみると、「学界の共有財産論」を原点に、教科書記述を読み解こうとするのは、ほとんど「見果てぬ夢」のようなものかもしれない。しかし、本書での佐貫の問題提起（「高校生の政治学習と『教育の政治的中立性』」）のなかで、「教師の責務と専門性の役割」として、「対立的な政策選択を前にして、教師はただ両方の意見を提示して、生徒に考えさせるということで、教師の責務が果たせるわけでない」のであり、「そのテーマに関して、科学の世界で、どう議論されているか、科学の世界の共有財産になっている到達点を学ばせ、問題の本質を探究するための学習を展開するための責任を、いささかも『免除』されない」、さらには、教師が自分の意見を、「一つの見解として述べることと、教師が見解を押しつけることとは別ものである」としていることは、これまでの行き過ぎた「子ども中心主義」の歪みを是正するだけでなく、今後の議論の前提をつくる意味でも重要な提起になっている。とすれば、具体的なかたちで、歴史研究における共有財産のありようを提示することが求められるであろうし、教科書の読み解き方も含めて応答する必要があろう。

　家永三郎・黒羽清隆『新講　日本史（三訂版）』（一九八六年、三省堂、一六八〜一七〇ページ）では、「鎌倉幕府の成立は何年か」という課題について、中田薫、牧健二、石母田正、佐藤進一、上横手雅敬などの学説を咀嚼《そしゃく》し、高校生向けに平易に記述している。◆7

　まず、一一九二年説や一一九〇年説では、源頼朝が、前者で征夷大将軍に、後者で右近衛大将に任命されたことを論拠に、これらは「幕府」という言葉が、「出征した将軍の幕営」という語源的な解釈によって幕府の成立を考えようとするもので、どちらの説も政治機関としての鎌倉幕府の位置づけからすれば、妥当性を欠くとされる。次に、一一八四年説で公文所（政所）と問注所の設立を根拠とするが、すでにそれ以前にも同様の内容が行われていたことから退けられる。そして、幕府の本質を武家の政府＝軍事政権であるという理解から、一一八五年説、一一八三年説、一一八〇年説の三つが論争されているとして、一一八五年には「守護・地頭の補任の勅許」が出て、頼朝は、全国の軍事警察権を掌握し、国家公権（朝廷）によって全国的な政権と認められたため妥当性があり定説に近いと評価する。一方、一一八三年説は、この年の宣旨によって、頼朝は東国支配権を公認されたのであり、反乱軍として出発した頼朝が国家公権によって、その実力支配を認められたことを重視する説である。この二つは、支配範囲を東国か、全国かという違いはあるが、いずれも幕府の公的な確立を指標にしている。さらに、幕府の本質を軍事政権とするなら、すでに、頼朝は挙兵直後の一一八〇年にその特徴を有していることになる。

これらは、学説史のかたちをとりながら、幕府権力の本質は何かということを考察しているのであり、さらには、成立としての年代（点としての年次）を問題にしているようにみえながら、本来的には、どのような段階を経て、幕府権力が形成されていくのかという、線としての年代を視野に収めているのである。こうした総体としてのものを共有財産と考えたい。

仮に、こうした諸説を、教師が全く理解しないまま授業を組んだ場合、生徒がさまざまな仮説を提出し活発に意見を交換しても、それらを相互につないだり、明瞭な論点として提示したり、位置づけたりすることができないままであろう。最後には、オープンエンドの名のもとに、何も示さず、「さまざまな考え方があるね」として終わるかもしれない。あるいは、中学校でいえば、教師は、教科書の「義経が頼朝と対立すると、頼朝は……一一八五年に、国ごとに守護を、荘園や公領ごとに地頭を置くことを認めさせ、鎌倉幕府を開いて武家政権を立てました」（『新しい社会　歴史』東京書籍）という記述をもとに、一一八五年説を「正解」として示し、生徒のさまざまな意見を最後には封じてしまうかもしれない。つまり、一見すれば、「正解」を示すか、示さないかで異なっているかのようにみえるが、実は、両者は、ともに生徒の歴史的な思考力を育成していないという点で、教育内容に責任を持たないという点で、同じなのだ。

先に示した説以外にも、例えば、一一八五年では、未だ東北地方は奥州藤原氏が統括しているので、全国を統治したとはいえないのではないかという意見が出るかもしれない。その点では、頼朝が一一八九年に奥州合戦によって藤原泰衡を滅ぼし、一一九〇年に頼朝が上洛したことも論点になってくる。

あるいは、小林よしのりは、中学校の歴史教科書に鎌倉幕府の成立が一一八五年と記述されたことをとらえて、「源頼朝の支配権が西国に及んだ時を幕府の成立にするらしい」として「要するに頼朝が天皇から『征夷大将軍』に任じられた時にしたくない」のであり、「日本史から『天皇』の権威を消そうとする企み」（『天皇論』二〇〇九年、小学館、一二〇ページ）であると断じている。こうした視点から、生徒が意見をつくってくるかもしれない。その際に、どのように応答するのか、できるのか。学説の問題をこえて、歴史認識の問題として立ち上がってきているがゆえに、「そういう考えもあるね」と受け流すのでもなく、「教科書には一一八五年と書いてあるから、それが正解だ」と断定的に決めつけるのでもなく、根拠となる史料ときちんと向き合って、粘り強く「真理」を探求するような方向性をもち、共有財産を基礎に、お互いに学びあって考えを深めていけるような営みを教室空間につくりあげること、それが、重要なのではあるまいか。
それは、教室で「もっとも説得的な仮説が、学界の『共有財産』にもとづいた説と異なっていたとき、どうするのか」「教室のなかの『説得性』と学界の『共有財産』との回路をどのようにつなぐのか、あるいはつながないのか」ということが問われているということでもある。◆8
それに応えるために、教師の専門的な知識は不可欠なのであり、生徒の自主的な歴史像形成の営みを励ますためにこそ活かされるのである。「今後の新しい成果の創造を生む土台の知識」として、「学界の共有財産」を大切にしなければならない所以《ゆえん》がここにある。
※本稿は、拙稿「教科書は何に依拠して書かれるべきか」(『教育』第八三六号、二〇一五年)、「歴史認識を深めるために――『討論授業』の再定義」(『中等社会科教育研究』第三二号、二〇一四年)をもとに大幅に加筆修正したものである。

◆1　「義務教育諸学校教科用図書検定基準及び高等学校教科用図書検定基準の一部を改正する告示」(平成二六年一月一七日)、文部科学省、http://www.mext.go.jp/b_menu/hakusho/nc/1343450.htm
◆2　田中正敬「関東大震災時の朝鮮人虐殺をめぐる論点」(『歴史地理教育』第八〇九号、

二〇一三年)。坂本昇「震災九〇周年時の歴史研究と歴史教育の課題」(関東大震災九〇周年記念行事実行委員会編『関東大震災　記憶の継承——歴史・地域・運動から現在を問う』日本経済評論社、二〇一四年)。

◆3　この点、今野日出晴『歴史学と歴史教育の構図』(二〇〇八年、東京大学出版会、第三部第五章)で論じた。また、大串潤児「通説・定説と教科書批評」(『歴史学研究』第九一八号、二〇一四年)も参照のこと。

◆4　黒川みどり「問われる歴史教育」(『教科開発学論集』第一号、二〇一三年)、「教員の立場から歴史教育を問う」(『歴史評論』第七七四号、二〇一四年)。拙稿「アクティブ・ラーニングという眩惑」(『歴史評論』第七九一号、二〇一六年)も参照のこと。

◆5　今野日出晴『歴史学と歴史教育の構図』(二〇〇八年、東京大学出版会、七七ページ)。しかし、現在は、この「安全地帯」に避難せざるを得ないという指摘がある。井ノ口貴史は、二〇一五年の柳井高校の事件に触れ、「ネット時代を迎え、教育現場で論争的なテーマを扱う授業は、全く無防備な状態で公共空間に晒《さら》される可能生があ」り、「生徒も保護者も『偏向教育だ』とネット上に流すことで、教師を葬りさることもできる」とする。そこで、その攻撃を避けるため「子どもを授業づくりに参加させ」「教育内容を生徒と教師で共同決定し、教師はコーディネーターや子どもたちが求める学問的な知識を提供するサポーターに徹することで、教師の価値判断を前面に出さずに授業をしくむこと」ができる(「国際紛争と平和教育——『9・11』後の授業づくりと課題」日本教育方法学会第五一回大会　二〇一五年)。とすれば、「知の窮状」というレベルだけではなく、自己防衛のためにこそ、自らの判断を留保するという自粛の作法が全国の教室を覆っていくことになる。

◆6　藤原智美は、他者に回答を求めるような「検索」を繰り返すことによって、「思考」を放棄してしまうという現実、「検索」が「思考」に代替される時代状況を鮮やかに切り取っている（『検索バカ』朝日新書、二〇〇八年）。

◆7　中学校の歴史教科書が、鎌倉幕府の成立を一一九二年から一一八五年にかわったとして、メディアでも取り上げられる（そのタネ本は、山本博文『こんなに変わった歴史教科書』二〇一一年、新潮文庫）が、すでに三〇年以上前からこうした枠組みで提示されていた。

◆8　高橋典幸「鎌倉幕府論」（『岩波講座日本歴史6　中世1』二〇一三年、岩波書店）は、こうした説の背後にある国家論（東国国家論や権門体制論）の問題を考察し、幕府が公権を委任されることによって成立したとする認識自体を問い直している。こうして共有財産は豊かなものになっていく。

第13章　憲法的正義の継承と立憲主義の学習を土台に
――「憲法改正論争事態」と教育の責任

佐貫浩

戦後七〇年を経た今、初めて、憲法改正が現実的な政治的論争点として登場し、国会議員選挙においても、さらに議会そのものにおいて、憲法改正議論が展開される可能性が出てきた。場合によっては議会による憲法改正発議に基づいて、憲法改正の国民投票が行われる可能性も否定できない。国会において展開されるこの事態をここでは「憲法改正論争事態」と呼ぶことにする。この事態の中で、教育はどういう責任を負うのか、また子どもたちに何を伝え、学習させることが求められているのか、しっかりした判断と認識が求められている。ここでは、その問題を幾つかの視点で、検討してみたい。

一　立憲主義という到達点をしっかり認識すること

第一に、憲法改正論争は、現代日本の政治が、立憲主義の上に成立しているという点を共通の認識にして行われなければならない。立憲主義とは、憲法という特別の規範を定め、政府の行為、権力の発動は、全て、この憲法規範に従わなければならないとする考え方である。

確かに国民主権を政治の基本的な仕組みと考えるとき、憲法の改廃をも含んで、この国民主権の権力が決定、選択するものであるとの論理が成立する。その点では、国民主権の権力は、憲法制定権力という質をもつことになる。しかしその国民主権の権力が、歴史的な教訓を踏まえ、立憲主義という枠組みを自らに課すという選択を行ったことは、無視してはならない。

立憲主義とは、特別な性格を持って、現代の国民主権のあり方を特色づけているものである。[1]まず第一に、立憲主義とは、憲法に規定された規範に沿って権力が行使されなければならないとすると共に（第九八条の「最高法規」規定、第九九条の三権分立の権力およびそれを担う「公務員」への「憲法尊重擁護義務」規定）、もしその憲法自体を変えようとしても、議会における多数決民主主義による通常の法律改正とは異なる、特別に高いハードルを越えることで初めて改廃できる規範として憲法を位置づけていることに示されている。それは、特別に慎重に形成された国民的合意のもとでのみ、憲法の改正という歴史的選択を可能とするという仕組み（憲法第九六条の「憲法改正の手続き」規定）であるととらえることができる。

重要なことは、この立憲主義は、単なる価値的倫理規範として個々人の態度に要請されているものではなく、まさに制度的仕組みとして、客観的に国民に背負わされているものであるという点である。すなわち憲法改正という国民主権的行為（憲法制定権力としての国民主権の発動）は、立憲主義という制度的仕組みを通してでなければできないという制約の下におかれているということである。さらにそれに加えて、司法権（最高裁判所）に、違憲立法審査権（憲法第八一条）が付与されているのである。立憲主義は、客観的な制度的現実であるということであるだからこそその正確な理解が不可欠なのである。

その点からすれば、一内閣の閣議決定で、今までの憲法解釈を全く反対のものに改変するという行為は、立憲主義を侵す暴挙といわざるを得ない。もし、そういう安倍内閣の行為が、立憲主義との関係で許されるのか否かを生徒自身が検討、議論する学校での学習が、「政治的偏向」であるとか、「中立性」を侵すとして抑圧されたり禁止されたりするならば、公教育の自由、生徒自身の学習の自由を侵す公権力の介入として、批判されなければならないのである。

立憲主義は第二に、単にその改廃の手続きにとどまらず、その価値内容についても、特別な位置づけを、その憲法規定そのものの中に含む形で与えている。それは、憲法前文に示された国民的宣言ともいうべき歴史的総括視点（侵略戦争への反省）の提示、憲法第一一条に書かれているように「基本的人権の享有」は「侵すことのできない永久の権利として、現在および将来の国民に与へられる」という規定をもっていることにも示されている。日本国憲法の三つの基本的特徴としてあげられる「国民主権」「基本的人権」「平和主義」という価値内容が、その中心にある。そして、これらの権利は、第九七条で「人類の多年にわたる自由獲得の努力の成果」であると規定され、第一二条では「この憲法が国民に保障する自由及び権利は、国民の不断の努力によつて、これを保持しなければならない」という国民の責務が記されているのである。

重要なことは、何ゆえに、憲法の規定が――当然、各条項の規定も――立憲主義というハードルを課せられているのかの理解が伴わなければ、立憲主義という仕組みの意味は、十全には理解できないという点である。したがって、その理解を促すためには、人類史における憲法成立史、日本国憲法成立の歴史、基本的人権確立の歴史などの学習が欠かせない。憲法の改正は、その行為に課せられた立憲主義という高いハードルを正面から背負うことにおいて、初めて可能になる国民の歴史的選択であることをしっかりと理解、学習することが必要となる。

すなわち、立憲主義の学習は、「私たちの社会が歴史において憲法を支持してきたその理由と意義を学ぶこと」「国の内外に甚大な被害をもたらした戦争、その惨禍を代償につくられ」たというその歴史の過程に見いだされる「〈過去の私たち〉との相互作用」であり、その「声を忘却すること」を許さない憲法の歴史的性格を認識するということなのである。[◆2]

この立憲主義の学習が、「憲法改正論争事態」に対する公教育の第一の責務となる。

一つ補足しておきたいことは、このように「ガッチリした」憲法学習、立憲主義の学習で最初から憲法学習を縛ってしまうと、憲法改正という動きの入り口で、憲法改正反対という判断に近い印象を授業それ自身が生み出してしまうのではないかという疑問が出されるかもしれない。しかしそれは、一つには、立憲主義ということを理解させ、学習させること自体の問題としてではなく、その学習の方法の問題として把握すべきであろう。憲法条文から立憲主義を生徒自身に読みとらせるという方法も工夫する必要がある。

加えていえば、憲法改正は、そういう立憲主義の規範を引き受ける中で初めて可能となる「重い」課題であり、その「重さ」を自覚する中で、国民の議論が進められるべきことを憲法自体が求めているのである。立憲主義という憲法改正に課せられたハードルを正面から背負うことでこそ、私たちは憲法改正論争の重い課題を自ら引き受けることができるのである。

二　「憲法改正論争事態」の中での憲法学習の構造

「憲法改正論争事態」はいくつかの段階をもっている。まず第一に訪れるのは、国会議員選挙で、憲法改正が争点になる段階である。

確かに自民党は立党の最初からその基本理念として憲法改正を掲げてきたが、憲法改正を直接の政策選択課題として選挙が行われる事態はなかった。しかし二〇一六年夏の参議院議員選挙からは、憲法改正が直接の争点となる可能性がある。そのような状況が到来したとき、学校では、憲法改正問題をしっかりと考える政治学習が不可欠になる。その時、どのような学習を進めるのかが、学校教育に問われる。

まず、考える必要があるのは、いったい何が、学習すべき対立点になるのかという見定めである。そこにはいくつかの選択肢がある。具体的にあげれば、次のようなものがある。

①法改正の焦点になっている条項――それは実際の改憲政策が出されないと確定しない面があるが――に即して、検討と学習を行うケースである。自由民主党の中には、改憲について、「憲法改正を、国民に一回味わってもらう。『そんなに怖いものではない』となったら、二回目

以降は難しいことをすこしやっていこうと思う」という考えがあることが報道されていたことからみても、[◆3] 多様な事態が予想される。以前に、安倍首相は、憲法第九六条の「憲法改正の手続き」規定だけを先行して改正しようとしたことがあったが、今後も多様なケースがあり得るだろう。最近では「緊急事態条項」の設置を突破口とした改憲が、一つの有力な可能性として議論されてもいる。そういう場合には、提起されている個別改正条項と、全体的な憲法改正の意図や構造との関係を視野において深めていくことが必要となるだろう。

②今までの経過から見て、特に安倍内閣によって憲法第九条の解釈改憲が行われ、それに対して憲法学者の多数が憲法違反であると主張しているような段階においては、憲法第九条が論争と改変の焦点にあると考えて、この問題を中心にして憲法改正を考える学習がある。この学習は、おそらく立憲主義をどう考えるかということと直接結びついたものとなり、また日本の「安全保障政策」と憲法との関係を歴史的に検討することをも含むものとなるだろう。

③すでに自由民主党は、政権党として日本国憲法改正草案（二〇一二年四月）を発表し、憲法改正モデルを提示しているという状況からすれば、政権側が改正を進んで提起しようとしている状況の中では、その意図と改正内容は、「改正草案」に基本的な枠組みが提示されていると考えることができる。とすれば、現行の日本国憲法とこの「改正草案」とを比較検討することが、政府がどういう意図と目的をもって憲法改正を提起しようとしているのかを学習する資料として欠かせない。その意味では対立意見を、現憲法と「改正草案」との対立として学習資

料とすることには、公教育としての妥当性がある。

④さらに、憲法改正の必要があるのかどうかをオープンに検討し、論争し、選択（投票）させるというスタンスで模擬投票を含む憲法学習に取り組むケースもあるだろう。その場合、おそらく、相当に多様な論点が出されるだろう。また新しい人権（環境権、プライバシー権、等々）を憲法に組み込みたいとする意見、人権の発展をより確かなものとして憲法に書き込みたいという素朴な願いや期待も、憲法改正に賛成という態度として表明されるかもしれない。そのような場合、現実の憲法改正の動きが、きわめて政治的に明確な特定の意図の下に進められて論争が展開されるであろうと予測される事態と、生徒の討論によってつくり出される「改正論争」との間のズレを、どう埋めていくのかが、重要な課題となるだろう。しかしまた逆に、生徒達の間にある、ある意味で「安易な」改正議論――まさに生徒の現実認識――をこそ入り口として、改憲問題の本質認識へと生徒の学習を深めていくような回路として、このような憲法改正論争を組織していくことも一つの挑戦であろう。第6章の杉浦実践はそのような試みである。

「憲法改正論争事態」の中での憲法学習、憲法改正をめぐる模擬選挙学習などは、この四つのタイプのさまざまなバリエーションで展開されていくだろう。その際に留意すべき点、配慮すべき点についていくつか指摘しておきたい。

第一に、この選択においては何が望ましいのかについては、あくまで生徒の判断にゆだねることである。その際に、問題の究明に向けて展開されている本質的な論争（新聞や雑誌やＴＶ放送など）と出会わせ、それを読みとる生徒の力を高めることが重要であろう。社会の中で展開されている対立的な、そして問題の焦点を論じた良質の言説や理論に出会わせることをこそ、中心的に工夫する必要があるだろう。そしてその上で、生徒自身の判断力に信頼を置くことである。生徒の判断力に信頼を置くということは教師の意図する考えを生徒が獲得すると期待することとは異なる。生徒が、自分の中に主体的判断体系を育て、やがて自分の生活実感や政治体験を踏まえて、主権者としての判断力量を発展させていく、その主権者としての自主的な成長の最も基本的な筋道に立たせるということであり、そういう若い世代の主権者への成長に期待するということである。

第二に、「憲法改正論争事態」の中での生徒の憲法学習は、「政策選択課題」と「到達点のある論争課題」の両方を含んでいるということである。たとえ「憲法改正論争事態」が出現しても、憲法学習が全て、「政策選択課題」としての憲法学習だけに制限されるわけではない。そういう中でこそ、立憲主義の学習や日本の憲法の歴史の学習に立ち返る必要もある。そういう日常の社会科学習や歴史学習の多くは、当然、「到達点のある論争課題」として扱われるべきものである。むしろ、普段の社会科学習や歴史学習を通して、どれだけしっかりした「到達点のある論争課題」学習が展開されてきたか、そしてそういう中で、科学的な真理探究の方法に立った主体的な認識と価値判断力を身につけてきたのかこそが、具体的な「政策選択課題」を学習、探究する基礎的な力として生きてくるのである。

重要なことは、むしろ、普段の「到達点のある論争課題」の学習においてこそ、自分の主体的で、自由な価値観形成の空間が保障され、また「到達点」の学習自体が、価値や認識の「正解」を学ぶこととしてではなく、自分自身の認識や判断力を形成していくために格闘すべき（あえてここでは「乗り越えるべき」とも併記しておこう）課題と出会うこととして、進められる必要がある。そのような学習を土台とすることによってこそ、「政策選択課題」についての学習を、より主体的に生徒自身が進めていくことができる。

第三に、憲法改正論争という、政治世界のたたかいの焦点についての議論が行われている緊迫感に満ちた社会的論争場こそが、生徒が主権者として成長していく最もリアリティーのある刺激空間である。社会で行われている公共的な論争空間に生徒自身が自ら身を置いて、自分の考えを形成し、参加していくこと、そして学校の学習空間が、そういう社会の論争場とつながっていくことが重要である。たとえば、新聞の読者投稿などを毎回生徒に紹介するとか、主要新聞の主張を系統的に紹介するとか、時には生徒自身に「意見」を新聞に投稿させるとか、社会科通信を集中的に発行して、各自の意見を表明させるとか、いろいろな工夫が考えられるだろう。社会の激しい論争を、教室の中にまで通わせ、生徒が一人の主権者として考え、論争する空間をつくり出すことが、「政策選択課題」の学習にとって不可欠となるだろう。

三　憲法的正義の継承と「中立」の意味

いま、安倍内閣は、憲法第九条の解釈改憲を強行し、さらに改憲を明確なターゲットに据えつつある。自民党の「日本国憲法改正草案」（二〇一二年四月二七日）では、前文から「平和的生存権」規定が削除され、教育が平和のための教育であるべき憲法的根拠が取り除かれている。天皇が「元首」化され、国旗・国歌規定が置かれ、それらに沿わない振る舞いが憲法違反として管理される事態すら予想される。憲法の自由と人権規定は「公益及び公の秩序に反してはならない」とされ、「公共の福祉」という人権自身の内在的制約の視点からではなく「公益」という政府の恣意《しい》的視点から、戦前同様に権利の制限が可能になる。集会や結社の自由も「公益及び公の秩序を害することを目的とした活動」なら許されなくなる。「国防軍」が設置され、海外に日本の軍隊が出動し、国民は国土防衛の義務を負うことになる。それは九条の解釈改憲という安倍内閣の暴挙を、後から憲法を変えることで正当化するという、立憲主義の侵犯でもある。「緊急事態条項」の規定は、内閣に絶大な権限が集中される危険性を生み出す可能性がある。また「全て国民は、この憲法を尊重しなければならない」とされ、国家権力を縛る憲法から国民を縛る憲法に変わる。

これら全てが、立憲主義への挑戦といわなければならない。教育はこれらの人権の制約の下で、強力な国家権力の支配にさらされるだろう。日本社会が積み上げてきた自由と民主主義、社会的正義の水準を維持発展させるか、それとも後退させるのかの、まさに歴史的な岐路に日本社会は立たされている。私たちは、このような事態に立ち向かいたいと思う。憲法第九七条に書かれているような、基本的人権を継承するための「人類の多年にわたる自由獲得の努力」の一環を担いたいと思う。そして、そういう憲法の精神を、若い世代や子どもたちにも継承してほしいと願っている。

しかし、公教育はそういう願いを、「正解」や「絶対的真理」として教え込むものであってはならない。教育とは、何よりも、自らの力で、現在の憲法的正義の到達点を価値あるものとしてとらえ、それをよりよいものへと発展させていくための主体的判断と政治選択を、自らの意思に基づいて、自らの価値判断として選びとることができる自立的判断力を形成するという回路を通して、私たちの願いを継承してくれる次世代の主体を育てる仕事である。そしてその過程では、先の世代としての私たち自身の「願い」や「判断」すらも、若い世代の批判的吟味の対象としなければならない。そしてそのための素材として、私たちの世代が達成してきた科学の到達点や、社会的合意の水準を、彼らの主体的吟味の前に提供するのである。

あらためて、教育において配慮されるべき「中立」とは何かを考えておきたい。断っておくが教師自身は、社会的論争問題に関する自己の判断において、「中立」という立ち位置を取ることなどできない。そもそもそういう問題において中立という位置など存在しない。教師が政治的見解や思想を持ってはならないということは、あり得ないし、不可能なことである。しかし公教育の教師は、子どもの自主的判断力を育てる教育の仕事においては、その自己の思想的立場や価値判断を、絶対的な「真理」や「正解」として押しつけてはならないという点、そして子ども自身の自由な価値観形成を励ます立ち位置において、子どもを支える必要がある。

しかしまた、公務員でもある教師は、憲法第九九条に規定された「憲法を尊重し擁護する義務を負」っている。たとえ「憲法改正論争事態」の中においても、その義務は解除されない。それは、たとえこの憲法が改正されるとしても、その改正はこの憲法的正義の継承、発展として実現されなければならないものとして、改正自体の方向を立憲主義が求めているからにほかならない。だから憲法改正議論の中では、教師は、日本国憲法が、いったい何を基本理念としてきたのかについて、子どもとともにあらためて探究する責務を負うのである。

もちろん、改正自体の成否を、教師が判断して子どもが自分で判断することを制約してはならない。したがって、重要なことは、何を子どもに提供するか、どんな学習をさせるかについて、教師は、自らの教育者としての専門性を問われるということである。

その時に、教師が、対立する両方の考えやデータを示す必要があると考え、工夫を試みたとしよう。そのような教師の配慮を「中立」的な位置を取ることと呼ぶことも可能である。しかしそこで、どのような教材の構成、対立論点の区分けをこそ教育的配慮、方法的配慮としての「中立」とするかについては、教師は、自分自身の判断や教育的信念や物事の本質理解に依拠して行うほかないのである。

もしそのような教師の専門性に依拠した判断に対して、権力が、これこそが中立の基準であるという規範をもって、教師の判断を上から審判するような事態が起こるならば、そこで押しつけられる「中立」は、権力を批判しないという「中立」や権力の判断を「中立」の基準とするものへと変質してしまうのである。それは教育に対する国家の権力統制に他ならない。だから教師は、そのような上からの「中立性」の押しつけに屈してはならない。

何が教育的な配慮かという意味での「中立」基準は、自らの専門性と対立論点についての教師自身の本質認識に依拠して、主体的に、自分の責任をかけて選びとらなければならないものなのである。したがって、その意味で教師に求められる「中立」のあり方は、権力の押しつけてくる「中立」基準に抵抗し、子どもの学習権を守るための規範として、教師自身が自らの専門性をかけて解明しなければならないものなのである。決して教師の判断を介入させないということによって教育的配慮としての「中立」の位置が決められるものではないのである。そこでは教師の教育的配慮、その一環としての「中立」の位置どりは、それ自体が教育的真理探求の自由のもとで探究されるべき教育的価値として存在しているのである。

四　学習に民主主義を貫く

憲法学習をはじめとする政治教育のあり方の基本原則は、まさに教育と学習に民主主義を貫くということであろう。

政治学習において民主主義とは、まず第一に、生徒自体が学習の主体、主人公になることである。それは、教育の本質に即していえば、①生徒が、自分で学習の課題を設定し、②自分の主体的な真理認識の方法に依拠して――平たくいえば自分の探究方法に依拠して、そしてその方法を発展させる仕方で――探究し判断できる学習を体験し、③自分で発見、選択した真理や判断に従って表現し、行動し、参加する自分をつくるという学習を見つけ出すことを意味する。そのことで生徒は、政治に参加する主権者としての自分、民主主義の主体としての自分を成長させることができるようになる。学習が主権者を育てるということの最も基本的な意味をここに置かなければならない。

第二は、政治学習の場は、同時に政治課題をめぐる民主主義的議論の場であり、その民主主義の空間で他者と議論し、その中で自分の意見を発展させ、公共的な世論、社会的合意をつくり出していく過程に参加する学習がつくり出される必要がある。それはまさに民主主義の実践場そのものである。そこでは、他者と共に生きていくという力、自分を主張する力、共同して真理を探究していくために応答責任を背負う力が求められる。

その場はしたがってまた、民主主義を担う力を育てる機能をもつと共に、その場自体が民主主義の価値によって組織され、生徒に民主主義を保障する――一人ひとりの思いが尊重され、各人の多様性が承認され、表現の自由が保障されているという形で――場でなければならない。そのような民主主義の場を作り出すことが、政治学習にとって欠かせない。そのような場をつくり出すことなしには、真に主体的な政治学習は意欲されない。だからこそ、教室に表現の自由を励ます民主主義的な自治が生みだされることが不可欠となる。

第三には、政治学習において、教師と生徒の民主主義的な関係をつくり出すことである。もちろんそのことは、公教育における教師の主導性、専門性、教育内容作成などにおける教師の責任性などを否定するものでは全くない。しかし、教師と生徒は、主権者としては対等であるし、さらに一八歳選挙権の実施においては、一八歳の高校生は、選挙民という意味においても対等である。それぞれの意志的選択が対等な一票として価値を持つのである。この対等性の中で、なおかつ教師が、生徒に対して教育の責任を背負うということの意味と方法が、深められなければならない。生徒の主体的判断を励ます教師の立ち位置、自分の思想や価値観を強制しない関係――その意味での「中立」の立ち位置、必要に応じて教師も一主権者として自分の意見を対等な他者として述べられる関係性、そしてこれらの関係性を土台にして、生徒の意見に主体的自律的探求者としての応答責任性を要求できる関係性などが課題となる。

まとめていうならば、民主主義が学習の場に保障されているとは、その生徒が自己の思考をとおして自ら判断し表現する主体として登場することのできる関係性の中で、学習を励まされるということにほかならない。そのことが、主権者を育てる日本の教育実践において、これからますます本格的に求められる課題となるだろう。

危機であるからこそ、今こそ、新しい力を発揮するために、このような学習における民主主義の探求が欠かせない。新たな挑戦によって、政治教育実践の新たな地平を切り拓きたいものである。

＊

日本の子どもは、今、どんな明日の姿を描いて生きているのだろうか。物心がついて気がついてみると、自分が競争の世界に立たされていること、学力の優劣によって評価される人生レースにすでに投げ入れられていることに気づく。いや、それだけではない、動物的ともいえる鋭さで、自分の存在を守り抜き、居場所を確保し、暴力をも含んだいじめという権力ゲームの中で生き抜くすべを身につけなければならない。将来の就職は『雇用身分社会』（岩波新書、森岡孝二）における身分獲得として、ますます苛酷な競争過程と化しつつある。子どもは、今自分が置かれている身近な現状が「世界」の全てであると感じ、その「世界」からしか未来を想像できない。格差が絶望的なほどに拡大された子どもの世界の中にあって、「自己責任」が強要される現実の中に子どもたちは囚われている。

命の尊厳、意志の自由、平和の下に生きられること、また差別や貧困を克服しようとしてまず人権と人間の平等という理念を打ち立て、国民主権の民主主義政治を創り出し、生存権保障によって人間の尊厳を実現する経済的条件を全ての人々に保障しようとした憲法的正義は、いったいどこへ行ってしまったのだろうか。いじめの中で死をも考えるほどに追いつめられていても、その中にある子どもは、憲法が、命の尊厳や身体の自由をこそ最高の価値として保障していることなど、全く思いもつかない。成績が低くて自信を失い、将来ワーキング・プアに陥るかもしれないという不安を抱えた子どもたちも、憲法が、その学力の到達度にかかわらず、全ての個人に働くことを権利として保障し、生存権の実現を保障するという正義を述べていることなど全く知らされていない。憲法には、人類が、命と人間の尊厳を守るための長い、幾多の苦闘の中から見いだしてきた人間的正義、社会的正義が書き込まれ、権利として保障され、全ての人間、したがってまた全ての子どもにも、その正義が保障されることを宣言したものであることが、今まさに命をかけるほどの苦悩や自分の存在を呪うほどの絶望に置かれた子どもたちに伝えられていない。子どもたちの生きる場には、子どもの意識において、憲法は存在していないといっても間違いではないだろう。

多くの子どもたちに保障されるべき憲法的正義が奪われている現実がある。そのような社会破壊、人間破壊を告発し克服する社会的正義を明示した規範として、憲法をあらためてとらえ返さなければならないのではないか。困難の中にある人たち、子どもたちが、自分の権利を主張する認識と力をエンパワーする規範として、現実を変えるために生きて働く規範として、今こそ憲法をとらえ直さなければならないのではないか。憲法の価値を再発見することなくして、憲法改正論争の中で、憲法的正義の継承に関心を持つことも、情熱を注ぐこともできないだろう。

憲法を、子どもたちの人間として生きたいと思う願いの中に、意味あるものとして取り返すことなくしては、憲法学習そのものが成立しないのではないか。子どもが憲法の担い手、憲法的正義の発展的な担い手になれるかどうかは、将来、大人の主権者になったときに証明されるのではなく、今の自分自身の生活に憲法的正義が不可欠のものであることを発見できるかどうか、そしてその発見の回路を通して、現代と未来に対する憲法の価値をあらためて発見するというプロセスが求められているのではないか。あえて、このことを、今一度、憲法学習のための土台に据えるべき課題として、最後に指摘しておきたい。

◆1　立憲主義については、樋口陽一『憲法　第3版』創文社、二〇〇七年、杉田敦「立憲民主主義を取り戻すために」『教育』二〇一六年五月号、かもがわ出版、渡辺治「戦争法廃止か安倍改憲か」『前衛』二〇一六年五月号、日本共産党、を参照。

◆2　神代健彦「民主主義的な生のための教育学」『教育』二〇一六年五月号、かもがわ出版。

◆3　自民党の憲法改正推進本部事務局長の磯崎陽輔首相補佐官の発言。朝日新聞二〇一五年二月二七日付。

各章の執筆者とプロフィル

はじめに、第1章、第13章　佐貫浩…奥付参照。

第2章　宮下与兵衛…首都大学東京・特任教授。一九五三年生まれ。著書に『高校生の参加と共同による主権者教育』かもがわ出版、二〇一六年。編著『地域を変える高校生たち』かもがわ出版、二〇一四年、他。

第3章　安原陽平…沖縄国際大学総合文化学部講師、一九七九年広島県生まれ。「道徳教科化の教育法的問題点」日本教育法学会年報第四五号（有斐閣、二〇一六年）、他。

第4章　春日雅博…長野県赤穂高等学校教諭。一九六〇年生まれ。一般社団法人日本新聞協会認定NIEアドバイザー。共著書に『未来を拓く模擬選挙』悠光堂、二〇一三年、他。

第5章　池田考司…北海道公立高校教諭。一九六三年生まれ。教育科学研究会副委員長、北海道教育科学研究会事務局長、日本臨床教育学会事務局次長、北海道臨床教育学会副会長。

第6章　杉浦真理…立命館宇治中高教員。一九六三年生まれ。全民研機関誌編集長。著書に『シティズンシップ教育のすすめ』法律文化社、二〇一三年、他。

第7章　井ノ口貴史…京都橘大学非常勤講師、大阪歴史教育者協議会委員長、一九五一年長野県生まれ。著書に『社会認識を育てる教材、教具と社会科の授業作り』（共著）三学出版、他。

第8章　平井敦子…札幌市立中学校社会科教諭。歴史教育者協議会会員。

第9章　菅間正道…自由の森学園・社会科教員。一九六七年生まれ。教育科学研究会所属。著書に『はじめて学ぶ憲法教室1巻～4巻』新日本出版社、二〇一五年、他。

第10章　福島賢二…埼玉大学准教授。教育社会学・教育行政学専攻。一九七七年生まれ。共著書に『図説　教育の論点』旬報社、二〇一〇年、『沖縄で教師をめざす人のために』協同出版、二〇一五年、他。

第11章　子安　潤…愛知教育大学教授。一九五三年生まれ。著書に『リスク社会の授業づくり』白澤社、二〇一三年、『反・教育入門』白澤社、二〇〇六年。編著書に『原発を授業する』旬報社、二〇一三年、他。

第12章　今野日出晴…岩手大学教授。一九五八年生まれ。『歴史学と歴史教育の構図』東京大学出版会、二〇〇八年、『戦後教育のなかの戦争』岩波書店、二〇一六年近刊、他。

佐貫浩（さぬき　ひろし）
1946年兵庫県生まれ。法政大学教授。教育科学研究会委員長。民主教育研究所運営委員。『品川の学校で何が起こっているのか』（花伝社、2010年）、『平和的生存権のための教育』（教育史料出版会、2010年）、『学力と新自由主義』（大月書店、2009年）、『学校と人間形成』（法政大学出版局、2005年）、『道徳性の教育をどう進めるか』（新日本出版社、2005年）など著作多数。

教育科学研究会
現在の教育科学研究会（教科研）は1952年に再建された。その前身である戦前教科研は1937年に結成され、1941年に解散した。自由と民主主義、子どもの人権の実現の視点に立ち、教育実践に根ざした教育研究活動を続けている。雑誌『教育』を機関誌として発行し続けている。

18歳《さい》選挙権《せんきよけん》時代《じだい》の主権者教育《しゆけんしやきよういく》を創《つく》る——憲法《けんぽう》を自分《じぶん》の力《ちから》に

2016年6月25日　初　版

監修者　佐　貫　　浩
編　者　教育科学研究会
発行者　田　所　　稔

郵便番号　151-0051　東京都渋谷区千駄ヶ谷4-25-6
発行所　株式会社　新日本出版社
電話　03（3423）8402（営業）
03（3423）9323（編集）
info@shinnihon-net.co.jp
www.shinnihon-net.co.jp
振替番号　00130-0-13681

印刷　亨有堂印刷所　　製本　小泉製本

落丁・乱丁がありましたらおとりかえいたします。

ISBN978-4-406-06035-6 C0037　Printed in Japan